LES NOCES

CORINTHIENNES

LES NOCES

CORINTHIENNES

Leuconoé

la Veuve, la Pia, la Prise de voile

l'Auteur à un ami

PAR

ANATOLE FRANCE

PARIS

ALPHONSE LEMERRE, ÉDITEUR

27-31, PASSAGE CHOISEUL, 27-31

1876

PRÉFACE

E touche en ce livre à des choses grandes et délicates, aux choses religieuses. J'ai refait le rêve des âges de foi ; je me suis donné l'illusion des vives croyances. C'eût été trop manquer du sens de l'harmonie que de traiter sans piété ce qui est pieux. Je porte aux choses saintes un respect sincère.

Je sais qu'il n'est point de certitude hors de la science. Mais je sais aussi que les vérités scientifiques ne valent que par les méthodes qui y conduisent et que ces méthodes sont inaccessibles au commun des hommes. C'est une pensée peu scientifique que de croire que la science puisse un jour remplacer la religion. Tant que l'homme sucera le lait de la femme, il sera consacré dans le temple et initié à quelque divin mystère. Il rêvera. Et qu'importe que le rêve mente, s'il est beau? N'est-ce pas le destin des hommes d'être plongés dans une illusion perpétuelle? Et cette illusion n'est-elle pas la condition même de la vie?

A. F.

LES NOCES

CORINTHIENNES

POËME

A FRÉDÉRIC PLESSIS

Ὦ τύμβος, ὦ νυμφεῖον...
ΣΟΦΟΚΛΕΟΥΣ ΑΝΤΙΓΟΝΗ.

Hellas, ô jeune fille, ô joueuse de lyre !
Toi dont la bouche aimait les baisers et le miel,
Ingénieuse enfant qui mêlais ton sourire
Aux sourires légers de la mer et du ciel,

Tous tes jours s'écoulaient en des heures égales,
Et, quand la grande Nuit argentait les chemins,
Tu méditais, heureuse, au bruit clair des cigales,
Les heures, les saisons et les travaux humains.

O fille de la mer, assise aux plages blondes !
Ton sein a contenu la belle volupté,
Et la sainte harmonie a de ses grandes ondes
Empli ton chant d'amour abondamment jeté.

Moi, cet enfant latin qui te trouva si belle
Et qui nourrit ses yeux de tes contours divins,
J'ai, pour te peindre encore en un tableau fidèle,
Accompli des labeurs qui ne seront pas vains.

D'autres ont exprimé ton enfance tranquille,
Lorsque de la fontaine où respiraient tes Dieux,
Tu revenais, portant au front l'urne d'argile.
Tant de paix convient mal à mon cœur anxieux.

Moi, j'ai mis sur ton sein de pâles violettes,
Et je t'ai peinte, Hellas ! lorsque les Dieux nouveaux,
Arrachant de ton front les saintes bandelettes,
Rompirent ta poitrine et ses heureux travaux.

Dans le monde assombri s'effaça ton sourire ;
La grâce et la beauté périrent avec toi ;
Nul au rocher désert ne recueillit ta lyre,
Et la terre roula dans un obscur effroi.

Et je t'ai célébrée, ô fille des Kharites !
Belle et pleine d'amour en tes derniers moments,
Pour que ceux qui liront ces paroles écrites
En aiment mieux la vie et soient doux aux amants.

PERSONNAGES.

UN PÊCHEUR.

HIPPIAS.

DAPHNÈ.

KALLISTA.

THÉOGNIS.

HERMAS.

LA NOURRICE DE DAPHNÉ.

UNE SAGA.

ARTÉMIS.

APHRODITÈ.

CHŒUR DES JEUNES HOMMES.

CHŒUR DES VIGNERONS.

CHŒUR DES CHRÉTIENS.

LES NOCES

CORINTHIENNES

—

A Henri Cazalis.

PREMIÈRE PARTIE.

Un chemin entre Corinthe et la mer. Tourné vers l'orient et ceint de myrtes, un petit temple dont le fronton porte, entre de belles figures mutilées, le monogramme de Jésus, grossièrement taillé. Une fontaine. Au fond, sur le coteau, les murs peints d'une maison et les arbres d'un verger. Des vignes. L'acropole de Corinthe toute blanche à l'horizon. C'est le soir : le soleil est bas dans le ciel calme. Le vieux pêcheur Olpis pose à terre ses paniers vides et s'assied sur un tertre.

SCÈNE PREMIÈRE.

LE PÊCHEUR.

La route est lente, hélas! de la ville à la mer,
Et la fatigue est prompte. Et le pain est amer

A qui le va gagner dans les cités avares.

Les poissons à présent, plus maigres et plus rares,

N'appesantissent plus ma nasse et mon filet,

D'où jadis une proie abondante roulait,

Espoir d'un riche gain, dans ma barque joyeuse.

Les Dieux n'assistent plus ma vie industrieuse.

Et voici que ce jour, en vidant mes paniers,

Les femmes de Corinthe avec leurs cuisiniers

N'ont sur mon étal nu laissé que treize oboles,

Car la femme est avide et fertile en paroles.

Les hommes sont mauvais, cet âge est dur ; les Dieux

Ont quitté sans retour un peuple injurieux.

SCÈNE II.

LE PÊCHEUR, HIPPIAS.

HIPPIAS.

Il est coiffé du chapeau thessalien ; sa tunique grise est ceinte aux reins ; ses chaussures hautes sont nouées à la cheville par des courroies de cuir. Il tient un bâton blanc à la main ; sa démarche est rapide.

Salut, verger, maison, chambre où, filant la laine,

Pour moi fleurit la vierge à la divine haleine !

Pêcheur (car tes paniers de jonc luisent couverts
D'une écume marine et de goëmons verts),
Tu ne l'ignores pas : cette maison est celle
Du vieil Hermas. Vit-il ?

LE PÊCHEUR.

Il vit, mon fils, et scelle
Dans des vases de terre antique un vin récent.

HIPPIAS.

Les Dieux gardent la paix à son toit florissant !
Mais as-tu vu Daphné, sa fille, en ses demeures ?
Dis si sa vie est douce et si les jeunes Heures
Sur son front innocent passent d'un vol léger.

LE PÊCHEUR.

Les Dieux la firent belle, ils l'aiment, étranger ;
Car la sainte pudeur la voile et la couronne.
Elle est heureuse.

HIPPIAS.

Ami, cette parole est bonne.

Ne peux-tu rien m'apprendre aussi de Kallista,
Sa mère ?

LE PÉCHEUR.

Elle gémit d'un Dieu qu'elle irrita.
Mais il n'est pas prudent que le pauvre révèle
A l'homme curieux une triste nouvelle.
Je dirai seulement qu'Apollôn peut encor
Contre une tête impie armer ses flèches d'or.

Il sort.

HIPPIAS.

Oui, c'est Daphnè, là-bas, étincelante et blanche !
Cueillant sur le sentier des herbes, elle penche
Sa'taille et son beau col plus merveilleux à voir
Que leur image errante en mes yeux clos, le soir.
Je la vois, si longtemps désirée, et sa vue
Verse en mes yeux l'effroi d'une chose inconnue.
O Dieux qui me l'offrez à l'angle du chemin,
Vous avez mis sur elle un charme plus qu'humain !

SCÈNE III.

HIPPIAS, DAPHNÈ.

DAPHNÈ, devant le temple.

J'ai cueilli le dictame illustre entre les plantes
Et les tiges en fleur des herbes consolantes.
J'en veux faire un breuvage, afin de secourir
Celle dont je suis née et que je vois mourir.
Christ, messager divin de la bonne parole,
S'il est vrai qu'à ta voix l'essaim des Dieux s'envole.
Et qu'Apollôn n'est plus le divin guérisseur,
Jésus, roi languissant aux yeux pleins de douceur,
Puisque ton règne arrive, il me vient l'espérance
Qu'un Dieu qui sut souffrir sait guérir la souffrance.
Maître, sauve ma mère : elle est des tiens aussi,
Et donne-moi l'époux que mon père a choisi.

HIPPIAS, faisant quelques pas vers elle.

Daphnè, ma douce gloire et toute mon envie,

Vois l'homme qui sera la moitié de ta vie,
L'époux promis selon les usages anciens.
Il est là; viens et mets tes deux bras dans les siens.

DAPHNÈ.

Oui, c'est toi; ce n'est pas ton insensible image,
Cher Hippias, qui vient raconter ton naufrage.
Je savais, voyageur qui portes mon amour,
Qu'il me serait donné le jour de ton retour.
L'espérance habitait ma poitrine fidèle.
Viens, je te vais conduire à ma mère et, près d'elle
Qui, triste, fait rouler la laine en écheveaux,
Hôte du vieux foyer, tu diras tes travaux.
Un mal courbe ma mère et lui brûle le foie.

HIPPIAS.

Tous nos jours sont mêlés de douleur et de joie.
Tes chagrins sont les miens; mais, malgré ton accueil,
Je ne franchirai pas les dalles de ton seuil.
Vois : ce large chapeau noué contre la brise,
Cette ceinture étroite à ma tunique grise,

Ces guêtres à mes pieds, ce bâton à ma main,
Sont d'un homme pressé de suivre son chemin.
Mon navire, parti de mon île natale,
Par l'ordre paternel, vers l'onde occidentale,
Au fond du port, déjà tourne son éperon.
Comme l'outre d'eau fraîche occupait le patron,
Je suis venu. Je pars : avec l'aile des voiles,
Gagnant la haute mer au retour des étoiles,
Sous leur chœur révéré qui me protégera,
Je vais vendre à Pœstum les vins noirs de Théra.

DAPHNÈ.

Oh ! ne me quitte pas encor : cette heure est belle.
Reste : la mer est vaste et l'absence est cruelle.

HIPPIAS.

Je venais, j'espérais, de ce sentier obscur,
Voir ta porte, et ton ombre un moment sur le mur.
Mais bientôt, au retour de ma route prospère,
Je reviendrai m'asseoir au foyer de ton père,

Je boirai dans sa coupe, afin que le vieillard,
Ainsi qu'il l'a promis, me laisse sans retard
T'emmener sur ma nef, de myrtes couronnée,
Vers mon toit où luiront les torches d'Hyménée.
O coupes, ô chansons, ô fleurs ! Vienne ce jour !
Car j'ai connu par toi l'inévitable amour,
Et je sais qu'une main de vierge est prompte et sûre
A faire au cœur d'un homme une douce blessure.
J'aime. On dit que l'amour est un mal : je le sais
Et j'aime. Le tourment m'est cher que tu me fais.
Celle qui put blesser saura guérir, ô femme,
Et tu me seras douce et semblable au dictame.
Aimer ne trouble pas à jamais la raison.
Quand tu seras entrée épouse en ma maison,
Nous connaîtrons la paix, le foyer, l'abondance,
L'amitié, les enfants, la tardive prudence,
Et nous vivrons pareils à deux arbres jumeaux
Qui versent l'ombre fraîche en mêlant leurs rameaux.
Mais mon père le veut : je poursuis mon voyage.
Le fils obéissant vit heureux un long âge.
Invoque en ma faveur Hespéros, astre clair.

DAPHNÈ.

J'invoquerai Jésus qui marchait sur la mer.

HIPPIAS.

Ma Daphnè, gardons-nous des paroles légères ;
N'invoquons point les Dieux des races étrangères,
Car la terre natale et nos bois et nos cieux
Sont encor palpitants du souffle de nos Dieux.
On sent dans l'air sacré leurs signes, leurs présages.
Je ne quitterai point le culte des vieux sages.
Les hommes d'autrefois qui valaient mieux que nous
Acquittaient le tribut qu'on doit aux Dieux jaloux.
Pieux observateur des coutumes antiques,
Moi, je prierai comme eux, debout sous les portiques.
Nos Dieux, Daphnè, sont bons et joignent en riant
La belle vierge émue à l'homme impatient.

DAPHNÈ.

Au cher jour que ma main fut prise dans la tienne,
Tu mis ton anneau d'or au doigt d'une chrétienne.
Un prêtre, ayant chassé les Nymphes d'un ruisseau,

Enfant, me baptisa par le sel et par l'eau ;
Et je devins ainsi la sœur et la compagne
De Celui qui voulut mourir sur la montagne.

HIPPIAS.

La nature des Dieux est obscure, il est vrai.
Gardons-nous d'offenser jamais rien de sacré.
Plus d'un Dieu vénérable, aux lèvres d'ambroisie,
Nous est venu jadis de la terre d'Asie.
Et je crois, car mon cœur n'est ni léger ni vain,
Qu'en Jésus, roi des Juifs, quelque chose est divin.
Mais parce qu'il mourut quand vint la neuvième heure,
Je le nomme Adônis que Cythéréia pleure,
Et je le nomme Hermès, parce qu'il a conduit
Le peuple vain des morts par les champs de la Nuit.
Aime et réjouis-toi de vivre, chère tête.
Dans le port, l'ancre hésite et la voile s'apprête :
Laisse-moi d'un baiser effleurer tes cheveux.

DAPHNÈ.

Tu le prendras un jour, ce baiser que tu veux.

HIPPIAS.

Cueillons l'instant fleuri.

DAPHNÈ.

Sachons attendre l'heure.

HIPPIAS.

Un souvenir est bon.

DAPHNÈ.

L'espérance est meilleure.

HIPPIAS.

L'air, les myrtes, tes yeux, tout m'enchaîne et je pars !

DAPHNÈ.

Va ! nous avons choisi la meilleure des parts.
Sois heureux !

HIPPIAS.

Tu souris et la livide crainte

2

Sur ton sourire, ô vierge, est tristement empreinte.
Tu redoutes pour moi l'avenir hasardeux.

DAPHNÈ, en pleurant.

Ah! je songe à la mer et je songe à nous deux!
Je songe aux jours d'absence, aux longues nuits, aux rêves
Tout pleins de ton image inerte sur les grèves.

HIPPIAS, après un long baiser.

Tes pleurs coulaient pour moi, ma lèvre a bu tes pleurs.
L'homme sage et pieux ne craint point de malheurs.
Après le cours entier d'une changeante année,
Daphnè, tu reverras ma tête fortunée.

DAPHNÈ.

Ami, je t'attendrai de saison en saison,
Comme il sied à la femme, au fond de la maison.
J'en fais un grand serment : la mort, la mort jalouse
Peut seule en ses longs bras t'enlever ton épouse.

HIPPIAS.

Vis heureuse, ô Daphnè !

DAPHNÈ.

Hippias, sois en paix.

Il part.

Hippias!... sur mes yeux tombe un nuage épais.
O tristesse! ô frisson! inexplicable crainte!

SCÈNE IV.

DAPHNÈ, KALLISTA, portée en litière.
Son esclave Phrygia l'accompagne.

KALLISTA.

Phrygia, soutiens-moi jusqu'à la maison sainte.
Je te cherchais, ma fille. Oh! certes Dieu n'a pas
Sans un profond dessein conduit ici tes pas.

DAPHNÈ.

Vois, mère, je cueillais des plantes salutaires.

KALLISTA.

Enfant initiée aux augustes mystères,
Quittons la vanité de ces secours humains,

Et pour ma guérison prenons d'autres chemins.
Ma fille, écoute-moi : tu sais bien que ta mère
N'a pas mis son espoir en la vie éphémère,
Que son sein n'est gonflé que du désir des cieux,
Qu'elle trouve à la mort un goût délicieux.
Mais tu sais qu'il n'est pas encor temps qu'elle meure.
Et qui donc après moi garderait la demeure
Des discours des gentils, des piéges des démons ?
Qui donc arracherait l'homme que nous aimons,
Ton vieux père, à l'abîme invisible que creuse,
Sous ses pas égarés, son ignorance affreuse ?
Et toi-même, qui donc, en tes jours de langueur,
Du vin spirituel viendrait nourrir ton cœur
Affaibli par le lait de la tendresse humaine ?
Mes esclaves nombreux et soumis que je mène
Dans tes chemins, Seigneur, avec sévérité,
Qui remettrait leurs pas dans le sillon quitté ?
Quelle voix, en ce bourg plein d'idoles d'argile,
Aux fils des vignerons dirait ton évangile ?
Et quelle main assez ferme dispenserait
L'aumône aux pauvres gens, selon ton intérêt ?

Ta volonté, mon Dieu, soit faite et non la mienne !
Mais avant de m'ôter d'ici, qu'il te souvienne
Des âmes en péril dont tu me fis l'espoir.
Je suis ton ouvrière : il me faut jusqu'au soir,
Maître mystérieux, travailler dans ta vigne,
Afin que je t'apporte une vendange insigne.

DAPHNÈ.

Tu vivras, douce mère, et sur tes cheveux blancs
Les jours s'écouleront pacifiques et lents.

KALLISTA.

Tu m'aimes, mon enfant ; ta tendresse craintive,
Sans oser l'espérer, souhaite que je vive.
Dieu seul peut retarder l'heure du grand départ,
Mais dans ma guérison je te garde une part.
Pour qu'à me laisser vivre ici-bas Dieu consente,
J'espère en la vertu de ta tête innocente.
Enfant, colombe intacte, agneau prédestiné,
Fruit de dilection que le ciel m'a donné,
Jeune plante qui croîs sous mon amour austère,
Non pas avec l'espoir de fleurir sur la terre,

Mais afin de répandre au ciel ta bonne odeur
Et de plaire au Dieu vierge à qui plaît la pudeur,
Ton âme qu'exalta l'espérance féconde
Ne saurait plus se prendre aux choses de ce monde,
Et tes lèvres que brûle un immortel désir
N'ont soif que de la source impossible à tarir.
Prenant la vie ainsi qu'une nuit sous la tente,
Tu veilles, en joignant les deux mains dans l'attente.
Enfant, bien que peut-être un terrestre dessein
Ait jadis un moment troublé ton jeune sein,
Dans les bras d'un époux tu ne veux pas descendre
Ni goûter des baisers plus amers que la cendre.
Tu ne veux pas semer dans le trouble et l'effort
Pour grossir la moisson du mal et de la mort !
Certes ! la veuve est bonne et la vierge est meilleure !
Heureux qui, les yeux clos, prie en attendant l'heure !
Heureux qui n'a pas mis son espoir en la chair !

DAPHNÈ.

Mère, tu sais le nom de l'homme qui m'est cher.
Mon père m'a choisi le jeune époux que j'aime,

Hippias de Théra, que tu chéris toi-même.
Mais un jour nous viendra plus propice et plus doux,
Quand tu seras guérie, à parler de l'époux.

KALLISTA.

Enfant, l'amour terrestre est un amour fragile :
Les amants sont unis par des chaînes d'argile.
Mais la vierge chrétienne, à l'ombre de l'autel,
Sait trouver dans l'extase un époux immortel.
Alors qu'elle est choisie, épousée aux blancs voiles,
Le cœur percé du glaive et le front ceint d'étoiles,
Elle entend sur la harpe et le psaltérion
Les anges célébrer sa mystique union.
Elle boit au festin la grâce à pleins calices,
Et goûte avec amour d'ineffables délices
A noyer ses regards dans le rayonnement
De l'époux dont le cœur saigne, ouvert largement.
Gloire à celle, ô Daphné, qu'un tel maître réclame !
Écoute ce que j'ai résolu dans mon âme.

Ouvrez la porte auguste aux deux battants d'airain,

Femmes, je veux parler au Maître souverain.

Elle s'agenouille sur le seuil du temple.

A ta face, ô Seigneur, et dans tes sanctuaires

Le juste vient chercher les vrais électuaires.

Au seuil de ta maison, sous tes sept lampes d'or,

Je t'implore à genoux pour que je vive encor

Et qu'il me soit donné d'achever sur la terre,

Dans le jeûne et l'exil, ma tâche salutaire.

Si tu reçus le vœu de l'antique Jephté,

Ton fils exaucera mon vœu, dans sa bonté.

Je ne lui promets pas de sanglante victime.

Tu recevras, ô Christ, mon holocauste intime.

Je jure sur le Livre inspiré par l'Esprit,

Je jure devant toi, sur le quadruple écrit

De l'Aigle, du Taureau, du Lion et de l'Ange,

De t'offrir une épouse agréable en échange

De ma force rendue et de ma guérison.

Christ! je prendrai pour toi l'épouse en ma maison.

Que je vive! et l'enfant que tu m'avais donnée,

Daphné, ma fille heureuse, à l'autel amenée,

Pour que soit accompli le plus sacré des vœux,

Recevant ton anneau, coupant ses longs cheveux,
S'offrira toute à toi, sans qu'un fils de la femme
Ait pour elle chanté l'impur épithalame.

DAPHNÈ.

O ma mère !

KALLISTA.

Elle ira, te prenant pour époux,
Consacrer sa ceinture à ton autel jaloux.

DAPHNÈ.

O ma mère !

KALLISTA.

Et jurer d'une bouche fidèle
Que jamais fils d'Adam ne s'approchera d'elle.

DAPHNÈ.

O ma mère !

KALLISTA.

Il est fait, l'indéliable vœu.
Roi d'Orient assis à la droite de Dieu,

Christ, ne refuse pas celle que je te donne!
Accorde à son front pur le voile et la couronne,
Pour que je sorte un jour de ce monde, les mains
Pleines d'œuvres, les pieds usés dans tes chemins,
Et pour que, devant moi, vers le Seigneur, un ange
Porte ma gerbe d'or dans la céleste grange.
Elle est là, tu la vois, mon offrande, en mes bras.
J'eus soin de la nourrir pour toi ; tu la prendras!
Si dans quatre-vingts jours je suis debout, vivante,
Forte comme il convient pour être ta servante,
Tu m'auras fait entendre, ô Roi, qu'elle te plait,
La vierge que nourrit ta crainte avec mon lait.
Et dans un an, au mois des terrestres vendanges,
Je te l'amènerai, doux spectacle à tes anges,
Fiancée, ayant mis au doigt l'anneau d'or fin,
Belle, et le front voilé pour les noces sans fin.

DAPHNÈ.

Romps ce vœu sacrilége, ô ma mère ! délie
Ton enfant qui t'adjure et pleure et te supplie
Afin de n'être pas prise éternellement

Dans le réseau d'un vœu sans accomplissement.

Hâte-toi, romps ce vœu, de crainte que j'expie

Par ma perte et la tienne une parole impie.

Souviens-toi, souviens-toi de ce que j'ai promis,

Devant mon père auguste, au plus cher des amis.

Mère, ne livre pas mon innocente vie

Au spectre du remords qui suit la foi trahie.

Mère, vois cet anneau fidèle entre mes doigts :

Il est un fils d'Adam, mère, à qui je me dois.

J'ai juré qu'Hippias délierait ma ceinture.

KALLISTA.

Nous devons tout à Dieu, rien à la créature.

DAPHNÈ.

Si tu m'aimes...

KALLISTA.

Je t'aime en Dieu.

DAPHNÈ.

Mère, entends moi.

Arrache le filet de remords et d'effroi,

Le filet de ton vœu qui m'a prise : délivre,
Délivre-moi ! Je veux respirer, je veux vivre.
Écoute : j'ai revu tantôt l'époux futur
Et j'ai promis encore, ici, sous le ciel pur,
De le suivre, fidèle, en sa chambre d'ivoire
Ou de dormir avec Karôn, dans la nef noire.
Oh ! prends pitié de moi, te souvenant du jour
Où ton cœur virginal fut parfumé d'amour.

KALLISTA.

Je ne me souviens plus des vanités du monde.
Mais le divin amour est comme une belle onde,
Où le cœur dans l'ivresse et le ravissement,
Épris de l'infini, s'abîme infiniment.
Si le besoin d'aimer te brûle et te tourmente,
Plonge dans le torrent d'amour, heureuse amante !
Ce que j'ai fait est fait, et nul, selon la loi,
Ne peut s'interposer entre le Christ et moi.

DAPHNÈ.

Mère, c'en est donc fait, tu m'as prise en ton piége !

KALLISTA.

J'ai dit. S'il se pouvait qu'impie et sacrilége,
Ma fille violât l'inviolable vœu,
Qu'elle ne voulût pas payer ma dette à Dieu,
Épargne, ô Justicier ! sa tête consacrée
Et fais tomber sur moi la vengeance assurée.
Seule je me dévoue aux ténébreux troupeaux
Des Démons qui dans l'air nous guettent sans repos ;
Que je perde ta grâce et qu'à ta sainte table
Je ne tende jamais ma bouche détestable ;
Qu'étrangère, sans part aux œuvres des chrétiens,
Tu ne me comptes plus, Jésus, parmi les tiens ;
Que l'âpre désespoir dessèche mes paupières
Et cuise comme un feu mes lèvres sans prières ;
Et quand je hanterai, pendant mes nuits d'effroi,
Les tombeaux des martyrs qui gémiront sur moi,
Que les noirs Séraphins, les Princes des ténèbres
Me lancent, sous le choc de leurs ailes funèbres,
Le souffle sulfureux des imprécations ;
Que je meure sans l'huile et sans les onctions,

Et n'ayant point baisé la croix expiatoire,
Et que l'enfer soit clos pour l'éternité noire
Sur mon âme et mon corps, plongés soixante fois
Dans des fleuves ardents de bitume et de poix...
Ils viennent ! les voici, les Anges de l'abîme,
Car j'ai commis par toi l'irrémissible crime,
Ma fille. Ils m'ont saisie entre leurs bras velus.
Je meurs. Je suis damnée et comme n'étant plus...

Elle tombe inanimée.

L'ESCLAVE PHRYGIA.

Elle est inerte et froide et telle qu'une morte.
Réveille-toi, maîtresse ! ô femmes, qu'on la porte
En sa litière ! Hélas ! voyez-vous sa pâleur ?
Cette méchante enfant l'a tuée, ô douleur !

DAPHNÈ.

Qu'on apporte l'anneau, le voile et la couronne.
Jésus, prince jaloux, prends celle qu'on te donne.
Rends la vie et l'espoir, mère, à ton front pâli ;
Mère, rassure-toi, ton vœu sera rempli.

Les femmes esclaves emportent Kallista.

SCÈNE V.

DAPHNÈ.

Cher Hippias, un vœu t'a pris ta fiancée !
Nous n'achèverons pas l'union commencée.
Oh ! trois fois malheureux parce que je te plus,
Ne reviens plus jamais ici, ne reviens plus.
Fermez-lui le chemin de tous nos ports, étoiles !
O souffles qui passez et gonflerez ses voiles,
Souffles mystérieux du soir, s'il est en vous
Un esprit, un génie intelligent et doux,
Sur la nef précieuse allez parler à l'homme,
Hélas ! qu'il ne faut plus désormais que je nomme,
Et, s'il s'est endormi songeant à notre amour,
Pour qu'il ne sente pas d'amers regrets un jour,
Effacez doucement de ses yeux mon image.
Qu'il m'oublie ! Et qu'un soir, au hasard d'un voyage,
Reçu près d'un foyer tranquille et réjoui,
Il y trouve une vierge et l'emmène chez lui,

Plus heureuse que moi, mais non certes plus tendre.
Ah ! s'il m'était permis...

UN CHŒUR LOINTAIN DE JEUNES HOMMES
Chantant un épithalame.

Hymen, Hymen aux beaux flancs !
Hespéros se lève.
Viens à nous, la nuit est brève ;
Hâte tes pieds blancs !

DAPHNÈ.

Mais il me semble entendre
Un invisible chœur et des appels lointains
Qui hâtent une vierge à de nouveaux destins.

LE CHOEUR se rapproche.

Accours, la nuit brève est bonne
Et douce aux aveux.
Viens, portant dans tes cheveux
La verte couronne !

DAPHNÈ.

De fleurs pour le festin leur chevelure est ceinte,
Car l'épouse a promis et la promesse est sainte.

LE CHOEUR plus proche encore.

O prince aux sandales d'or,
Hymen, Hyménée !
Reçois la vierge amenée
Qui te craint encor.

DAPHNÈ.

Amis, ne venez pas ; n'approchez pas, amis.
Je ne suis pas parée et, bien qu'ayant promis,
Sur mon front négligé les fleurs de marjolaine
N'exhalent pas encor leur odorante haleine.

LE CHOEUR suit sa route et s'éloigne.

La beauté qui brille en elle
Sied à ton dessein :
Hymen, tire de son sein
La vie éternelle !

DAPHNÈ.

Où s'en vont loin de moi les chansons et les pas ?
Les amis de l'époux ne me chercheront pas !
Pourtant j'aurais porté dans la chambre choisie
Les parfums d'un amour plus doux que l'ambroisie.

3

Ton épouse étrangère, Hippias, crois-tu bien
Qu'elle ait un cœur plus sûr et meilleur que le mien ?
Silence de la nuit ! nuit froide et solitaire !
Non, je n'attends plus rien de l'homme et de la terre.

Elle détache de son doigt son anneau d'or.

O fontaine ! où l'on dit que dans les anciens jours,
Les Nymphes ont goûté d'ineffables amours,
Fontaine à mon enfance auguste et familière !
Reçois de la chrétienne une offrande dernière.
O source ! qu'à jamais ton sein fidèle et froid
Conserve cet anneau détaché de mon doigt,
L'anneau que je reçus dans une autre espérance.

Elle jette son anneau dans la source.

Réjouis-toi, Dieu triste à qui plaît la souffrance !

DEUXIÈME PARTIE.

Le portique de la maison d'Hermas. Les colonnes sont enduites de stuc rouge à hauteur d'appui. La table est de marbre blanc. On peut voir à l'extérieur, au milieu des plantes grimpantes, un Hermès de bois. Sous le voile qui tamise une chaude lumière, des femmes esclaves sont assises. Les unes filent la laine, les autres tissent des étoffes ou brodent des tapis. L'évêque Théognis entre ; il porte une mitre basse et tient une crosse de bois blanc.

SCÈNE PREMIÈRE.

LES FEMMES ESCLAVES, L'ÉVÊQUE THÉOGNIS.

THÉOGNIS.

La paix soit avec vous, mes filles ; à vous voir,
On connaît que vos cœurs sont enclins au devoir ;
Et vous vous empressez à vos tâches, pareilles,
Dans la ruche pourvue, aux mielleuses abeilles.

Elle est belle à tourner le fuseau diligent,

La main qui tord le fil pour vêtir l'indigent !

Louange à Kallista, la prudente maîtresse

Qui pour une telle œuvre occupe votre adresse.

Mais parle, toi l'enfant qu'elle aime, Phrygia :

Il s'est donc dissipé, le grand mal qui ploya

La tête et les genoux de cette femme forte,

Comme un trouble léger que le sommeil emporte ?

Entre Kallista. — Les femmes esclaves sortent.

SCÈNE II.

THÉOGNIS, KALLISTA.

KALLISTA.

Évêque Théognis, la paix soit avec toi.

Combien cette maison, confirmée en la foi,

Après un an entier qu'allongea ton absence,

Accueille ton retour avec réjouissance !

O Pasteur ! que mes mains embrassent tes genoux.

Les infidèles mers t'ont séparé de nous ?

THÉOGNIS.

Un vaisseau tyrien aux agiles antennes
M'a conduit sans erreur à des rives lointaines.
J'ai vu (mes yeux en sont tout éblouis encor)
La ville égyptienne, Alexandréia d'or,
Ses habitants nombreux, ses palais, ses images ;
J'ai vu tous les écrits des Gentils et des Mages
Tels qu'un peuple de morts dans le cèdre étendu ;
Et (gloire au Dieu vivant !) j'ai six fois entendu
La parole des saints vaincre sous les portiques
Le murmure confus des mensonges antiques.
Mais revoir ses brebis semble doux au pasteur.
Donc, le mal qui rongeait ton foie avec lenteur,
O femme, en un moment est sorti de ta côte ?
Dieu nous donne à son gré les maux, et nous les ôte.
Or, tu crois lui devoir payer ta guérison
Par l'offre de ta fille, espoir de ta maison.
C'est ce que m'ont appris tes lettres bienvenues.

KALLISTA.

Elles ne devaient pas te rester inconnues

Ces choses qu'accomplit pour moi le Dieu puissant,
Et je te confierai la fille de mon sang,
Afin, ô Théognis, que ta droite l'élise
Et l'ordonne bientôt lectrice en ton église.

THÉOGNIS.

Certes je conduirai ton enfant à l'autel,
Comme une épouse chère à l'Époux immortel,
O femme, mais tu sais, car ta prudence est grande,
Que pour faire au Seigneur une agréable offrande
Il faut une victime heureuse de s'offrir,
Un cœur prompt et joyeux brûlé d'un saint désir.
Promise au lit du Roi, la Vierge du Cantique
Se parfuma de myrrhe et d'huile aromatique :
C'est ainsi que l'épouse offerte au Roi des Cieux
Doit exhaler l'amour comme un nard précieux.
Or, écoute et réponds, femme : Daphnè, ta fille,
Saura-t-elle quitter la maison, la famille,
Et la tâche facile et les jeux, les amis,
Les espoirs obstinés et les amours permis,
Comme un prompt voyageur quitte au matin l'auberge?

A-t-elle fermement ceint sa robe de vierge,
Pour aller, appuyée au bâton de la foi,
Vers Celui qu'elle entend lui crier : Viens à moi !

KALLISTA.

Sache donc que ma fille, en qui la grâce abonde,
Ne pense et ne vit plus déjà selon le monde.
Loin du rire et des pleurs, elle n'assiste pas,
Chez un père infidèle, aux fêtes, aux repas.
Depuis un an, cachée au fond de la demeure,
Elle goûte en priant la paix intérieure.
De tout le siècle vain, pour elle, rien n'est plus.

THÉOGNIS.

Louange à Dieu ! tel est le signe des élus.
Le Maître a dit : Celui qui m'aime et qui veut vivre
Doit quitter sa famille et ses biens pour me suivre.
Demain, quand le Seigneur, du sein brillant des Cieux,
Plongera dans la nuit l'homme silencieux,
Lorsque j'aurai porté l'offrande méritoire
Aux tombeaux des martyrs qui chantent dans la gloire,

Du bâton pastoral je heurterai ton seuil;
Vers la troisième veille, ouvre et me fais accueil,
Et livre-moi l'enfant toute voilée et ceinte,
Afin que je la mène en la demeure sainte
Où selon son espoir je la consacrerai
En imposant les mains dans le rite sacré.
Femme, tu la verras bientôt, diaconesse,
Se réjouir en paix, dès sa tendre jeunesse,
De porter dans un pan de l'étole de lin
Le pain qui doit nourrir la veuve et l'orphelin,
Et d'offrir chaque jour sur l'autel du mystère
Au prêtre solennel le vin dans la patère.
Heureux l'arbre au lieu saint transplanté dans sa fleur!
Car il se chargera de fruits chers au Seigneur.
Sois bénie en ton ventre, ô femme, au nom du Père,
Du Fils et de l'Esprit, en qui ton âme espère.

KALLISTA.

Qu'il en soit fait ainsi.

L'évêque Théognis sort.

SCÈNE III.

KALLISTA.

On entend le chœur des Vignerons qui chantent sur le chemin :

Le Dieu bouillonne, et les coupes de bois
Flottent pour nous sur la cuve profonde.
O mes amis, tout le temps que je bois
Je suis égal aux Dieux, maîtres du monde.

KALLISTA.

Les impurs vignerons

Chantent. A notre tour, Daphnè, nous chanterons,

Quand portant les paniers aux célestes vendanges,

Nous verrons les grains mûrs sous les beaux pieds des anges,

Dans la cuve odorante, en un mystique vin,

Couler, sainte liqueur, pour le cellier divin.

LE CHOEUR DES VIGNERONS, devant les portes.

Si Mirrhina, pour se railler de nous,
Approche et rit, et fuit comme la chèvre,
Une Naïade est mêlée au vin doux,
Et ses baisers ne trompent point ma lèvre.

SCÈNE IV.

KALLISTA, HERMAS.

HERMAS.

Les grappes ont jailli, dans la cuve pressées !
Femme, une sombre humeur attriste tes pensées,
Mais les Dieux ne t'ont pas refusé la raison.
Or, une bonne épouse à qui plaît la maison
Se réjouit de voir croître les biens du maître.
Sois heureuse en ce jour comme il convient de l'être,
Car la vendange est belle. Io ! les raisins noirs
De leur chaude liqueur ont comblé mes pressoirs :
Iakkhos m'est ami. La demeure est en joie,
Quand le robuste dos des jeunes hommes ploie
Sous la hotte, qu'emplit la vierge en souriant.
Les vierges ont de pampre orné leur front brillant.
Elles portent aussi la pesante corbeille,
Mais leur pied au pressoir d'une plante vermeille
Ne foule pas la grappe, et les jeunes garçons

Font seuls jaillir le vin au rhythme des chansons.

Car il sied de presser le raisin d'un pied ferme

Pour exprimer le jus onctueux qu'il renferme.

Les vieillards, quand leur lèvre a goûté le vin doux,

Sentent un feu subtil délier leurs genoux;

Ils dansent, agitant leur chevelure blanche.

La vierge au bois ombreux dort sur sa belle hanche.

Le jeune homme la cherche : Iakkhos l'a soumis

Et l'excite à des jeux qui ne sont pas permis.

Donc, réjouissons-nous des biens qu'un Dieu nous donne !

Et qu'avec nous Daphné, ma gloire et ma couronne,

Daphné, ma fille, honneur de mon front blanchissant,

Vienne éclairer ce jour d'un sourire décent.

KALLISTA.

La véritable joie, Hermas, a l'apparence

De la tristesse humaine et croît dans la souffrance;

Elle est intérieure et sainte. Il est écrit :

Veillez, priez. Malheur à celui-là qui rit.

Tu n'imiteras pas la veuve consolée

Qui va dans les festins et chante non voilée.

Daphné, ceinte de fleurs pour le banquet divin,
Aux coupes des Gentils ne boira pas le vin.
Hermas! Hermas! tu ris, tu chantes : le temps passe,
L'heure est proche... Mais nul n'est sauvé sans la grâce.

HERMAS.

Je ne suis pas devin, et ton discours est tel
Qu'il semblerait obscur à tout homme mortel.
Sphinx même, vierge ailée en énigmes féconde,
Enveloppait ses chants d'une ombre moins profonde.
Peut-être un Dieu t'agite et trouble ta raison;
Peut-être tu languis d'un charme ou d'un poison.

Kallista sort.

SCÈNE V.

HERMAS.

Les femmes sont souvent malades, insensées.
Sans doute une âcre humeur altère leurs pensées,
Et, si parfois ce don est en elles de voir
Les choses que les Dieux couvrent d'un voile noir,

La fureur, le délire et l'impure manie,

Répandus dans leurs sens, en troublent l'harmonie.

Un tel mal est nommé divin; mais qui ne sent

Que tout mal est divin et vient d'un Dieu puissant?

Un Dieu mit sur la femme un charme qui nous dompte,

Un Dieu ne voulut pas qu'elle vécût sans honte,

Et la vierge se trouble en sa jeune saison.

Car la nourrice antique, au soir, dans la maison,

Laisse son lourd fuseau pencher; ses lèvres molles

Ne mouillent plus le fil, mais promptes aux paroles,

Racontent un Dieu jeune expiré dans sa fleur.

La blessure est éclose et rit sur la pâleur

De son flanc adoré que parfume la myrrhe.

La jeune fille écoute; elle voit, elle admire.

Et la nourrice dit comment Dionéia,

Sous ses cheveux épars qu'un long deuil délia,

Appelle et se lamente, et de sa belle bouche

Ranime le cher Dieu rougissant sur sa couche.

C'est pourquoi tous les ans, douteuses aux maris,

Les femmes s'en vont plaindre Adônis à grands cris,

Et, faisant retentir l'airain, lentes pleureuses,

Remplissent de leur deuil les terrasses ombreuses.

D'autres cherchent Krèstos dans la nuit des tombeaux.

Pourtant ces Dieux ne sont ni glorieux, ni beaux,

Que la mort a souillés et qui veulent qu'on pleure.

Il est d'un Dieu d'aimer la joie : or, voici l'heure

De goûter le vin noir et de se plaire aux mets.

Un esclave s'approche.

Enfant, ceins mon front d'ache et d'hyacinthe, et mets

Les parfums syriens sur la table d'érable.

   Zeus, et toi, fils de Zeus, Lyaios favorable,

A vous d'abord le vin que vous avez mûri.

Puis j'emplirai pour moi le calice fleuri.

Le vin donne au vieillard de divines pensées,

Et le fait vivre encor dans les choses passées.

Le souvenir est cher à qui sut beaucoup voir.

Les morts ne boivent plus, errants dans l'Hadès noir.

Je veux goûter la moule à la valve polie.

La coquille marine, enfant, est mieux remplie

Quand la lune nouvelle, au-dessus de la mer,

Lève une corne fine et blanche dans l'éther.

Artémis est égale aux Dieux, pères des choses,

Sa face incorruptible enseigne bien des causes.

Enfant, songe à surprendre aux vieillards les secrets

Qu'ils ont connus, touchant les astres, les forêts,

Les nuages épars, les monts et la mer blême,

Afin que, connaissant ces grands secrets toi-même,

Tu remplisses ta tâche avec habileté,

Et que, servant très-bien, tu sois très-bien traité.

Je vois un étranger vers ma demeure élue

S'avancer. Que mon seuil l'accueille et le salue!

Il vient des Dieux. Enfant, cours vers lui. Quel qu'il soit,

Dis-lui bien qu'il m'honore en entrant sous mon toit,

Et que le vin l'attend dans la maison prospère.

SCÈNE VI.

HERMAS, HIPPIAS.

HIPPIAS.

Trois fois salut, Hermas, ô vieillard! ô mon père!

HERMAS.

Hippias de Théra, fils de Lakôn, salut,

Mon fils! Certes le Dieu m'est ami, qui voulut

Ramener sous mon toit ta tête désirée,

Et vers mes yeux que fuit la lumière sacrée,

Ainsi qu'un songe heureux, prit soin de t'envoyer.

Marquons d'un caillou blanc ce jour à mon foyer.

Fils de Lakôn, pour toi la couronne de lierre

Et la coupe d'argent et l'antique salière,

Les viandes et les fruits et les vins noirs, afin

Qu'ayant dompté d'abord l'inexorable faim,

Tu m'apprennes, ami, cher honneur de ma table,

Quels destins ont comblé ton père irréprochable.

HIPPIAS.

Il cultive sa vigne et se souvient de toi,

Mais les ans ont vaincu sa vigueur.

HERMAS.

                              C'est la loi.

Tel je le vis et tel je te vois, il me semble,

Revivre aux jours anciens où nous croissions ensemble.

Il était grand ; ton front à son front est pareil,

Les vieillards l'estimaient sage dans le conseil,

Quand un premier duvet dorait encor sa lèvre.

Il portait fermement l'outre de peau de chèvre ;
Car les hommes d'alors étaient plus vigoureux
Que ceux du temps présent qui sont conçus par eux.
Je proclame ton père heureux ! La vie est bonne,
Car c'est un grand Démon, ami, qui nous la donne.
L'enfant jette en jouant les osselets et rit,
Le jeune homme au sang vif médite en son esprit
De rencontrer, le soir, la vierge sous les saules.
Le blanc vieillard dont l'âge a courbé les épaules,
Assis au banc du seuil, sous les astres en chœur,
A parler sagement réjouit son cher cœur.
Au long des jours de miel et des heures amères,
Suis doucement le fil que te tournent les Mœres.
L'homme aux ardents désirs, quand Hadès l'a vaincu,
A désiré de vivre et n'a jamais vécu.
Craignons les vains souhaits et l'attente chagrine.

HIPPIAS.

Un désir invincible a gonflé ma poitrine
A cause de ta fille, ô père vénéré,
A cause de ta fille et du lit désiré.

Mon âme tout entière a passé dans la sienne.
J'ai voyagé : j'ai vu la Force ausonienne,
Tibur, Néapolis, Pœstum, Anconia,
Les arcs et les jardins que Cæsar dédia,
Les buissons généreux d'arbouses et de mûres,
Les arbres des vergers rougis de pommes mûres,
Et la plaine et ses blés et le raisin vermeil
Qui boit au flanc des monts la liqueur du soleil,
Car la vigne se plaît dans la terre légère
Où sous Zeus pluvieux croît l'ingrate fougère.
J'ai pris soin d'écouter les discours des colons.
Mais les jours ont langui pour moi, vides et longs,
Car j'aimais une absente... Et la subtile fièvre
Dans la lenteur des nuits me montait à la lèvre,
Et je voyais Daphnè, ses bras et ses cheveux.
O songe, ô belle image, ô fièvre ! trouble, vœux,
Soupirs, Érôs ! Érôs, prince ailé, qui te joues
Sur le sein de la vierge et sur ses belles joues,
Souffrance des vivants, sourire universel !
Hermas, il te souvient que, me tendant le sel,
Dans l'antique foyer, sous Zeus sacré qui brille,

Père, tu m'as choisi pour époux à ta fille.

Et ses jeunes désirs se sont tournés vers moi.

Je viens chercher ta fille et dégager ta foi.

J'ai déjà, pour Daphnè, ma précieuse gloire,

Préparé dans ma nef une chambre d'ivoire.

Là, sont les colliers d'or, les voiles d'Orient,

Les coupes, les parfums qu'enclôt l'onyx brillant,

Et les larges bassins d'airain, richesse due

Par l'homme aimé des Dieux à l'épouse attendue.

Et je veux, quand enfin tous deux nous partirons,

De dociles rameaux ceindre les avirons

Et de tresses de fleurs, de bouquets par centaines

Dans l'air ivre et joyeux couronner les antennes.

HERMAS.

Non certes, mon esprit n'était point égaré

Quand j'accordai ma fille à l'hôte préféré !

Car tes actes sont bons, tes paroles sont sages.

Tu n'as point méprisé les antiques usages.

Je crois qu'en agissant aussi bien qu'en parlant,

Tu deviendras l'égal de ton père excellent.

Daphnè, ma fille, est belle et savante aux ouvrages
Qui doivent occuper les timides courages
De celles qui dans l'ombre et sous le lin jaloux
Conservent leur jeunesse en fleur au seul époux.
Il est sage d'unir la meilleure au plus digne :
A l'orme jeune et droit nous marions la vigne,
Et la douceur du miel à la force du vin
Se mêle. Mais souvent l'espoir de l'homme est vain
Et notre âme légère est sans cesse traînée
Dans le filet d'airain de l'âpre Destinée.
Certes, je ne veux pas troubler ton âme, ami,
Par un discours mauvais et couvert à demi.
Un souffle maladif, des ombres insensées
Enveloppent ma fille et voilent ses pensées ;
Elle fuit maintenant mes yeux que sa beauté
Abreuvait autrefois d'une fraîche clarté ;
Elle se tait, se cache et pleure. Et je devine
Qu'il est à sa souffrance une cause divine.
Un Démon est en elle et dompte son cher cœur.
Le Dieu galiléen sans doute est son vainqueur ;
Et ce Dieu mort, par qui ma fille est entraînée,

N'aime point les époux et les chants d'hyménée ;
Il n'aime point la vie et n'a jamais vanté
Que la faim et la soif et la stérilité.
Une femme séduit mon enfant et la mène,
Inerte, vers celui qui hait la race humaine.
Les Dieux n'ont point laissé longtemps à ses amis
La bonne Pythias, ta mère ; ils ont permis
Qu'une autre, égale en âge à la vieille corneille,
Vécût pour n'être pas sage autant qu'elle est vieille.
　　Mais veiller convient mal à l'homme chargé d'ans.
Je vais d'un doux sommeil baigner mes yeux prudents ;
Car le bel Hespéros, cher aux amants, incline
Au ciel occidental sa lumière divine.
Repose en ma demeure avec sécurité ;
Fils de Lakôn ! étends sur ton lit, abrité
Par le portique étroit contre la nuit humide,
Cette épaisse toison d'un grand lion humide :
Un hôte m'en fit don, Lybikos de Kirta,
Quand, l'année où naquit ma fille, il apporta
Du corail, de l'ivoire et du cuivre aux Hellènes,
Et reçut en retour du vin noir et des laines.

HIPPIAS.

Je vais sur le beau lit dormir tranquillement,
O père, car Daphnè m'a fait un grand serment,

HERMAS.

Qu'un Dieu regarde, enfant, ton cher sommeil et l'orne
D'heureux songes venus par la porte de corne.

Il sort par une porte intérieure.

SCÈNE VII.

HIPPIAS.

Au lit hospitalier étendu les yeux clos,
Je crois sentir encor le bercement des flots.
J'entends les avirons fatiguer les eaux lourdes
Et les vents dans la voile enfler leurs plaintes sourdes.
Je vois la glauque mer, le ciel clair, les caps bleus;
Je vois danser au loin les monstres fabuleux.
Mais à mes yeux confus une divine image
S'élève sur la poupe au vent céleste, et nage,

Et parmi les dauphins joue, et flotte dans l'air,
Et fleurit sous ses pieds la grève au sable clair,
Fuit dans un blanc rayon, et des ombres émerge ;
Car, par la volonté d'Erôs, j'aime une vierge.
Croirai-je ce qu'a dit le vieillard ? Et pourquoi
Le Dieu galiléen, se levant contre moi,
Quand l'heure aux ailes d'or vient longtemps souhaitée,
Me disputerait-il l'épouse méritée ?
Je n'ai jamais fait tort à ce jeune Immortel,
Je n'ai point offensé son nom ni son autel,
Je n'ai point dit l'injure à ses prêtres austères,
Ni d'un œil sacrilége épié leurs mystères,
Ni parmi les tombeaux surpris leurs noirs repas.
Il ne peut me haïr : je ne le connais pas.
Daphné cependant pleure et languit en silence.
La douleur est impie alors qu'elle s'élance
Sur celles dont Kypris orne la jeune chair.
Mais les maux d'un ami nous le rendent plus cher.
C'est peut-être par moi que ce trouble est en elle ;
Peut-être elle craignait mon absence éternelle,
Oubliant que les Dieux accordent le retour

A l'homme dont le cœur médite un chaste amour,
Lorsque, purifié dans les formes prescrites,
Il a pris soin d'offrir un vœu, selon les rites.
Peut-être en me voyant demain, inattendu,
L'arc de ses beaux sourcils ne sera plus tendu ;
Ses yeux riront. O jour de Zeus, sainte lumière,
Donne à mes yeux de voir sa forme la première.
Je t'invoque, Artémis, toi, ma gardienne encor !
Et toi, viens, ô Déesse à la couronne d'or !

Il s'endort.

SCÈNE VIII.

LE SONGE D'HIPPIAS.

ARTÉMIS et APHRODITE.

ARTÉMIS.

Non, jamais plus la nuit divine,
Sous l'astre pâle au front changeant,
Ne verra dans les fleurs d'épine
Étinceler mes pieds d'argent.

APHRODITÈ.

La mer, moins souple que mes hanches,
Moins profonde que mes yeux clairs,
Ne verra plus mes formes blanches
Éclairer ses bords longtemps chers.

ARTÉMIS.

Je ne donnerai plus la grâce,
La force et l'antique beauté
Au jeune homme, fleur de la race,
Chaste et pieux dans la cité.

APHRODITE.

Les amants dont j'étais la reine
Ne pourront jamais ressaisir
Le don premier : la paix sereine
Dans l'inévitable désir.

ARTÉMIS.

La vierge solitaire et tendre
Croîtra sous un Dieu menaçant;

Elle s'étonnera d'entendre
Qu'elle fut impure en naissant.

APHRODITÈ.

Les femmes craindront d'être belles ;
Tous leurs amours seront amers,
Et les fils des races nouvelles
Iront les fuir dans les déserts.

ARTÉMIS.

Jeune tête aux chastes pensées,
Plus pures que les fleurs des joncs,
Viens, que tes tempes caressées
Brillent dans l'ombre où nous plongeons !

APHRODITÈ.

Suis-moi ; la volupté féconde
A par moi rempli tout ton cœur.
Viens ; que ferais-tu dans un monde
Qui pleure et périt de langueur ?

ARTÉMIS.

Suis-moi dans notre ciel limpide,
Et sois immortel comme nous !
Partons ; un pan de ma chlamyde
Flotte déjà sur tes genoux.

APHRODITÈ.

Partons ; mon voile et ma ceinture
Viendront effleurer ton côté.
Je veux sur ton essence pure
Mettre une éternelle beauté.

Elles le baisent, lui font signe de les suivre et s'évanouissent
dans l'air.

SCÈNE IX.

HIPPIAS endormi, DAPHNÈ.

DAPHNÈ. Elle est venue par une porte intérieure.

Puisque demain, le front voilé, la taille ceinte,
Je suivrai le vieillard qui tient la crosse sainte,
Jusque dans la demeure où, sous un toit épais,

En mon sein refroidi Christ versera sa paix,
Puisqu'il me faut vivante abandonner la vie,
Je saluerai ce monde à qui je suis ravie.
Pendant que tout cédait au sommeil enchanteur,
Sur la tête de buis du verrou protecteur
Ayant mis en tremblant une main matinale,
Furtive, j'ai quitté la chambre virginale.
Je viens vous saluer, ô terre, ô ciel, ô bois !
Et toi, vieille demeure, ô maison autrefois
En rires, en beaux chants, en couronnes fréquente !
O porte, ô seuil facile où dans la molle acanthe
Veille le vieil Hermès de bois de citronnier,
Je viens vous saluer de ce salut dernier.
Salle qui t'égayas le jour que je suis née !
Toi, l'appui du foyer, colonne où chaque année
Mon père mesurait en se réjouissant
La récente hauteur de mon front grandissant !
Pavé clair, parfumé d'essence aux jours de fête
Et que je vis longtemps si voisin de ma tête,
Lorsque mon scarabée aux élytres d'azur,
Captif au bout d'un fil grimpait le long du mur,

Et quand, pliant l'osier en une trame égale,
Je faisais une cage à ma brune cigale !
Et toi, lampe prudente, adieu donc pour jamais !

Elle ouvre la porte extérieure.

Dormez silencieux, dormez, vous que j'aimais ;
Si je vous ai nourris de gâteaux, beaux molosses,
N'aboyez pas, dressés sur vos jarrets véloces ;
Gardiens, ne faites pas retentir vos colliers
Au murmure innocent de mes pas familiers.
Je veux courir au loin, je veux entendre encore
Sur l'humide rocher le feuillage sonore.
Oui, j'irai dans la nuit clémente à ma pudeur,
Par le chemin où flotte une divine odeur,
La chevelure au vent, de myrtes effleurée,
J'irai vers la fontaine aux Nymphes consacrée.
Je veux entendre encore, au bord des froides eaux,
Chanter plaintivement les flûtes des roseaux.
Et je sais pour m'asseoir un tertre sous l'yeuse,
Que baigne avec amour la nuit mystérieuse...
Non ! je suis insensée : il ne m'est plus permis
De revoir la fontaine aux feuillages amis.

HIPPIAS, *se réveillant.*

Artémis ! et toi, Reine à la belle couronne,
Quelle est cette voix douce et triste qui frissonne,
Et semble de vos chants un soupir affaibli ?
Je veille, et sur le seuil par la lune pâli,
Vague en ses voiles blancs comme une ombre légère,
Je vois, ô Nuit ! je vois celle-là qui m'est chère.
Ce n'est pas son image impossible à saisir ;
C'est elle ! c'est son corps où flotte le désir.

Il se lève et tend les bras.

Daphné ! Daphné ! Daphné ! Combien cette heure est belle !
Ma Daphné, viens amie à l'ami qui t'appelle !
Les Dieux bons ont pris soin de nous rejoindre enfin.
Verse-moi tes regards, j'en ai soif, j'en ai faim.
Sous les astres en chœur c'est un Dieu qui t'envoie !
Je t'apporte, ô Daphné, des paroles de joie.
J'annonce ton attente et mes travaux finis.
Ton père m'est facile et nous serons unis.
Mais quoi ? Tu ne parais ni me voir ni m'entendre.
Quelle crainte t'enchaîne et glace ta chair tendre ?

Parle. Ne me fuis pas; cesse de craindre; vois,
Je suis ton Hippias; tu reconnais ma voix.

DAPHNÈ, se parlant à elle-même.

Oh! qu'un Ange me jette un pan de sa tunique!
Pourquoi m'avoir soumise à cette épreuve inique
De me montrer celui que je ne dois pas voir?
Je veux fuir, me glisser sous le portique noir.
Mais comment, malgré lui, gagner la chaste chambre?

HIPPIAS.

Écoute-moi, je vais, ô vierge aux parfums d'ambre!
Te parler doucement et tu me répondras.
Viens, mêlons nos regards, nos paroles, nos bras.

DAPHNÈ.

Hôte, tu ne dois pas rester sur mon passage.

HIPPIAS.

Le soleil et la mer ont bruni mon visage,
Mais les amis, longtemps disjoints par les destins,

Savent se reconnaître à des signes certains.
Oh ! crois-en de tes yeux la jumelle lumière
Où luit le jour de Zeus en sa clarté première,
Jeune fille, crois-en tes oreilles encor,
Où je suspends mes vœux comme des pendants d'or,
Et crois-en le Démon enclos dans ta poitrine,
Qui donne à ta pensée une grâce divine :
Je suis ton Hippias ; je tends vers toi les bras.

DAPHNÈ.

Hôte, retire-toi, je ne te connais pas.

HIPPIAS.

Pourquoi parler ainsi, jeune fille ? Serait-ce
Qu'un Dieu, t'enveloppant d'une nuée épaisse,
Voulut dans sa colère obscurcir ton esprit.
Certes, un Dieu t'aveugle à qui ta main n'offrit
Ni vin pur, ni gâteaux de miel et de farine,
Soit Hermès, soit Kypris, Souveraine marine,
Ou la noire Hékatè. Ces grands Démons sont tels :
Ils versent la démence aux cœurs fiers des mortels.

Mais la raison revient sur les pieds prompts des heures.
Écoute, je dirai des paroles meilleures.

DAPHNÈ.

Il ne m'est pas permis de t'entendre, étranger.

HIPPIAS.

Fille d'Hermas! le cœur des vierges est léger :
Une humeur maladive est la part de la femme.
Mes paroles auront la douceur du dictame :
Je te rappellerai nos amours, et comment
Pour la première fois, ô souvenir charmant!
Je te vis sur le seuil tout doré d'hélichryse,
Ton aiguille à la main, me regarder surprise.
Et j'hésitais. Mais toi : « Va vers cet inconnu,
Nourrice, annonce-lui qu'il est le bien venu. »
Tu dis : Un grand frisson m'agita jusqu'aux moëlles,
Et je connus par toi l'amour, vierge aux beaux voiles.
Mais à cause de moi, bientôt le tiède essaim
Des Erôs innocents voltigea sur ton sein.
Souvent tu rougissais et baissais ta paupière ;

Souvent, ô ma Daphnè! sur le vieux banc de pierre,
Tes doigts industrieux oubliaient les fuseaux,
A l'heure purpurine où les jeunes oiseaux
Vont dormir dans le nid sous la poutre enfumée.
Car je contais alors, ô jeune fille aimée,
Mes voyages lointains, les périls surmontés,
Les prodiges nombreux et les mœurs des cités.
Puis vinrent les désirs et leur longue fatigue,
Et tes aveux plus doux que le miel et la figue;
Le sourire indulgent de ton père, tes pleurs,
Mon départ; mon retour lorsque la source en fleurs
Et la Nymphe invisible et le myrte et l'yeuse
Reçurent les serments de ta bouche pieuse.

DAPHNÈ.

Tais-toi! tais-toi!

HIPPIAS.

J'ai vu frémir ton corps si cher :
Ah! tout cela c'est toi, c'est ton sang et ta chair.
Tu portes mon amour dans tes nerfs, dans tes veines.

Viens, sois docile au Dieu. Chasse les craintes vaines.
Aimer, c'est vivre. Aimons.

DAPHNÈ.

Je ne suis plus. Tais-toi !

HIPPIAS.

Pourquoi dis-tu les mots qui répandent l'effroi ?
D'une divine horreur ta langue s'est trempée.
Quel mystère profond te tient enveloppée ?
Réponds-moi, réponds-moi : Quelle fatalité
Mit ces troubles obscurs dans ton cœur agité ?
Devant les astres clairs et Sélènè, leur reine,
Je te prie et t'adjure, ô vierge ! je me traîne
Suppliant à tes pieds, les deux bras étendus.
Et tu m'accorderas les dons qui me sont dus,
Jeune fille. Car seul l'impie en sa folie
N'accorde pas le don à la main qui supplie.
J'embrasserai tes pieds, tes mains et tes cheveux,
Et tu me répondras : C'est le don que je veux.

DAPHNÈ.

Oh ! ne me touche pas, car je serais perdue.

HIPPIAS.

Non ! tu ne me dis pas la parole attendue.

DAPHNÈ.

Va-t-en ! fuis loin de moi !

HIPPIAS.

                    J'embrasse tes genoux.

DAPHNÈ.

Malheur à moi ! malheur à toi ! malheur sur nous !

HIPPIAS.

Pourquoi ce cri sinistre où frissonne la crainte?...
Oh ! que ta joue est pâle et de douleur empreinte.
Quel effroi nage encor dans tes yeux agrandis?...
Exécrable silence ! Oh ! parle ; dis moi, dis

Quelle œuvre d'Iolkhos, quelles herbes sauvages,
Quels ossements broyés, quels livides breuvages,
Quels magiques travaux ont sur ta joue en fleur
Épandu sourdement une triste pâleur,
Quel poison a glacé ton sang et ta chair blême,
Quel charme t'a rendue absente de toi-même.

DAPHNÈ.

Lâche mes mains!

HIPPIAS.

Mais non, un Dieu perd ton esprit :
La terre n'éteint pas l'amour qui la fleurit.
Je t'adjure, ô Daphnè! par ce bras que je presse,
Réponds : quel Dieu jaloux t'enlève à ma tendresse?

DAPHNÈ.

Va! je t'aime. Fuis-moi!

HIPPIAS.

Je le savais aussi!
Car la nécessité nous mène en tout ceci.

Sens-tu ses bras de fer d'une étreinte divine
Sur ma poitrine ardente appuyer ta poitrine?

DAPHNÈ.

Je me meurs!

HIPPIAS.

Sois docile à la fatalité,
Daphnè : c'est là ta grâce et c'est là ta beauté.
Ta langueur me paraît plus belle que toi-même.
Sois faible, ô mon enfant; c'est à ce prix qu'on aime.

DAPHNÈ.

Fuis.

HIPPIAS.

Je ne fuirai pas, certes. J'attendrai là
Que ta bouche m'ait dit le mal qui te troubla.

DAPHNÈ.

Prêtre à la mitre blanche, innocent victimaire!
De quel prix j'ai payé le salut de ma mère!

HIPPIAS.

Ne crains pas de m'apprendre un mystère sacré.

DAPHNÈ.

Indéliable vœu, filet où je mourrai !

HIPPIAS.

De quel vœu parles-tu? mon angoisse est profonde.

DAPHNÈ.

Hippias ! adieu, vis. Je suis morte à ce monde.

HIPPIAS.

Tais-toi ! n'appelle pas Hermès, Dieu souterrain.

DAPHNÈ.

Jésus ! divin bélier à la corne d'airain,
Qui mènes les agneaux vers la fontaine vive,
Par quels affreux déserts faut-il que je te suive !
Christ, dauphin éternel de l'éternelle mer,
Ne vois-tu point ma nef au sein du flot amer?

HIPPIAS.

Que parles-tu de Christ et quelle est ta pensée?

DAPHNÈ.

C'est lui qui, malgré moi, t'a pris ta fiancée.

HIPPIAS.

Christ voudrait t'arracher à mon amour jaloux?

DAPHNÈ.

On m'a donnée à lui pour qu'il fût mon époux.

HIPPIAS.

Que doit-on faire, étant son épouse mortelle?

DAPHNÈ.

Vivre comme un petit enfant, et mourir telle.

HIPPIAS.

Dieu des Galiléens! je ne te cherchais pas.

O fantôme! tu viens te dresser sur mes pas.

Tu lèves contre moi ta droite ensanglantée!

Écoute, prince impur d'une race infestée :

Je respectais ton nom en mon cœur obscurci,

Et je ne croyais pas, Christ, grâce à celle-ci,

Ce que disent de toi les vieillards et les sages.

Je n'ai point écouté la raison, les présages;

Je t'ai cru bon, pareil à ces Rois de l'éther

Qui pensent hautement et pour qui l'homme est cher.

Je te connais enfin, Esprit gonflé d'envie,

Spectre qui viens troubler la fête de la vie,

Mauvais Démon, armé contre le genre humain,

Qui fais traîner le chant des pleurs sur ton chemin,

Dieu contempteur des lois, puissant par la magie,

O Prince de la mort, dont la froide énergie

Ne vaut que pour glacer nos vierges en nos bras!

Ton pouvoir est divin; tant mieux! tu m'entendras,

Et, certes, mon discours va te combler de joie :

Je t'attends et tu peux venir chercher ta proie.

Enlève si tu veux, mais tue auparavant.

Tu n'emporteras pas celle-ci, moi vivant.

DAPHNÈ.

Cher Hippias, tais-toi : ta fureur est impie.
Crains le blasphème vain qu'un long tourment expie.
Jésus de Nazareth n'est pas tel que tu crois.
C'est pour que nous vivions qu'il est mort sur la croix.
Il n'a pas demandé que je lui fusse offerte,
Et celle qui me perd n'a pas voulu ma perte.
Ma mère méditait ma gloire et mon bonheur
Alors qu'elle fit vœu de m'offrir au Seigneur.
Elle m'a pour du miel donné l'absinthe amère.

HIPPIAS.

Non, Daphnè! les Dieux bons n'écoutent pas la mère
Qui défend que sa fille à l'époux souhaité
Apporte le trésor de sa virginité.
Non, vous n'écoutez pas, Générateurs du monde!
La mère qui voudrait voir sa fille inféconde,
Sans époux, sans enfants, sans amour, sans foyer,
Étrangère partout, montrée au doigt, ployer,
Inutile fardeau sur la terre sacrée,

Sur la terre où tout aime, où tout s'enlace et crée ;
Tendre des bras séchés sans jamais rien saisir,
Et se traîner pareille aux Ombres sans désir.
Et ce serait la vierge entre toutes chérie,
Des dons d'Aphroditè divinement fleurie,
Celle-là qui déjà d'un amoureux dessein
Aux discours d'un ami gonfla son chaste sein,
Daphnè, fille d'Hermas, honneur de cette terre,
Qu'on laisserait vieillir stérile et solitaire !
Ils ne le feront pas, quoi qu'ils puissent oser :
Vierge, crois-en les Dieux et crois-en ce baiser.

DAPHNÈ.

Hélas ! hélas ! ô trouble, ô démence, ô vertige !
Les herbes d'Iolkos, la racine et la tige
Dont coule une livide et mortelle liqueur
Bien moins qu'un tel baiser ruineraient mon cœur.

HIPPIAS.

Il vient de ton époux, ce baiser qui t'effraie.

DAPHNÈ.

Redoute-moi : je suis une chose sacrée.
Moi-même je me crains, je suis la part de Dieu.
Pour la dernière fois, va-t'en. Je t'aime, adieu.

HIPPIAS.

Quel Immortel saurait t'aimer comme je t'aime,
Moi qui par la douleur suis semblable à toi-même ?
Un Dieu ne pourrait pas souffrir, mourir pour toi,
Malheureux ! Ses baisers te tûraient dans l'effroi.
O mon âme, il n'est pas de si chère caresse
Que les embrassements des mortels en détresse.
Rien ne vaut dans l'éther mes baisers, ta langueur,
Ton beau corps fléchissant inerte sur mon cœur,
Tes larmes !

DAPHNÈ.

Ouvre au ciel tes ailes de colombe ;
Viens, Esprit, verse-moi ta force ! Je succombe.

HIPPIAS.

Vois ; il est doux d'aimer.

DAPHNÈ.

Je t'aime malgré moi.

HIPPIAS.

C'est Érôs qui le veut, il faut suivre sa loi.

DAPHNÈ.

Eh bien, cher Hippias! tu m'as vaincue, écoute :
Je t'aime et suis à toi. Prends-moi donc, prends-moi toute.
Emporte-moi. Fuyons, cache-moi dans tes bras.
Je te suis. Je ferai tout ce que tu feras.
Oh! que couchée au dos d'un cheval par la plaine,
Les yeux clos, dans l'air frais je boive ton haleine !
Je veux brider moi-même un cheval aux pieds prompts.
Oh! viens, ne tarde pas; nous irons, nous fuirons
Jusqu'au golfe où ta nef balance ses antennes.
Je ne crains ni les vents, ni les mers incertaines.
Pour notre épithalame, ami, nous entendrons
La chanson des marins au bruit des avirons.
La nef, fendant les eaux sous les astres sans nombre,

M'emportera plongée à tes pieds dans ton ombre.
Tu seras mon espoir, mon salut et ma foi.
Je m'envelopperai tout entière de toi.
Viens!… mais non, malheureuse, hélas! qu'ai-je pu dire ;
J'ai parlé sans pudeur et j'étais en délire.

HIPPIAS.

Vierge, il est sage et bon d'aimer l'époux promis
Et de montrer un cœur ardent pour les amis.
Certes nous tenterons la vaste mer : son onde,
Belle comme l'amour et comme lui féconde;
Portera doucement nos destins innocents
Jusqu'au seuil protecteur où fumera l'encens.
J'en atteste, ô Daphnè, l'homme excellent, ton père.

DAPHNÈ.

O chef de la maison, ô maître en qui j'espère,
Mon père vénéré, vieillard auguste et doux,
Nous irons tous les deux embrasser tes genoux…
Non, nous faisons un rêve, imprudents que nous sommes,

L'espérance déçue accroît les maux des hommes.
Ma mère ne peut pas délier son enfant ;
Elle ne fera pas ce que la loi défend.

HIPPIAS.

Ta mère n'est pas née insensible, farouche,
Et le lait d'une femme a coulé dans sa bouche.
D'un impassible front, les Dieux, les Dieux cruels,
Seuls, peuvent regarder la douleur : les mortels
Connaissent la pitié que la souffrance enseigne.
Quelle mère entendrait, sans que tout son cœur saigne,
L'enfant que dans l'attente elle a porté dix mois
Lui demander la vie une seconde fois ?
Contre les pleurs ta mère est faible : elle est mortelle.
Nous nous tiendrons tous deux prosternés devant elle.
Nos cris, nos bras tendus, nos larmes parleront,
Et la pitié tardive éclaircira son front.

SCÈNE X.

HIPPIAS, DAPHNÈ, KALLISTA.

KALLISTA entre une lampe à la main. Daphnè cache sa tête dans la
poitrine d'Hippias.

Quels sont ces cris? qui donc dans la chaste demeure
S'abandonne aux esprits immondes, dont c'est l'heure?
Quels infâmes soupirs et quels baisers impurs
Infiltrent à travers les solives des murs
Les vapeurs de la mort et de la pestilence?
Homme, es-tu pris de vin, et fais-tu violence
A quelqu'une parmi celles que je conduis,
Par la chaleur des jours et dans l'ombre des nuits,
Vers la Cité céleste aux murailles vivantes?
As-tu saisi de force une de mes servantes?
Mais j'ai trop entendu que vous parliez tous deux
Et vos voix se mêlaient dans un concert hideux.
Dieu! jusque sous mon toit le Démon de luxure
A-t-il exaspéré de sa rouge morsure
Une femme chrétienne au point de la plonger

Rapide et d'un seul bond dans un lit étranger ?
A genoux, à genoux! quelle que tu sois, femme,
Toi qu'un immonde esprit d'incontinence affame
Et chasse au soir hurlante et chaude d'impudeur,
Chienne dont le gosier aboie au chien rôdeur.
Les lanières de cuir, le fouet salutaire,
Domptant soixante fois ta chair, la feront taire.

HIPPIAS.

La majesté des ans éclate sur ton front,
Femme, mais ton courroux s'est allumé trop prompt.
J'ai reçu sous ce toit la couronne de lierre
Et je n'ai point souillé la couche hospitalière.
Une esclave n'a pas monté d'un pied léger,
Comme une empuse, au lit du pieux étranger.
Je roulais en mon cœur une pensée honnête.
Calme ton esprit, femme, et vois la chaste tête
De ta fille que j'aime et qui m'aime.

KALLISTA.

                                    O stupeur !
Mes regards sont voilés d'une infecte vapeur.

Elle est là, je la vois ! C’est toi, fille chrétienne?
Un gentil sans mourir mit sa main sur la tienne.
Abomination ! O Christ, où donc es-tu?
Où dorment loin de nous ton glaive et ta vertu?
Christ, regarde cet homme ! ô Roi, regarde et frappe.
Il a touché ta part, il a mordu ta grappe.

DAPHNÈ.

Mère, si je ne vis avec lui, je mourrai.

KALLISTA.

Homme impur, sacrilége, anathème au Dieu vrai,
Je te chasse. Va-t’en de la maison fidèle ;
Fuis et ne souffle pas tes poisons autour d’elle,
Mais cours honteusement, la tête dans tes mains.
Va chercher pour la nuit, au hasard des chemins,
Des lits dignes de toi dans d’infâmes auberges.
Hâte-toi si tu veux ne pas fuir sous les verges.

HIPPIAS.

Un Démon furieux s’agite dans ton corps,
Et fait monter l’écume à ta bouche. Je sors,

O femme ; je franchis ton seuil la tête haute.
Tu chasses de ces murs l'honneur avec ton hôte.
De ton toit où la strix aura bientôt chanté
Regarde s'envoler avec l'hôte insulté
L'Innocence, la Foi, la Paix, vierges augustes,
Et la Piété sainte et le chœur des Lois justes.
Vois s'enfuir avec moi l'âme de ton enfant.
Zeus me garde peut-être un retour triomphant.

DAPHNÈ.

Hippias !

HIPPIAS.

O Daphnè !...

SCÈNE XI.

DAPHNÈ, KALLISTA.

KALLISTA.

Je laverai la dalle
Que toucha de son pied cet homme de scandale.
Je sais, ô mon enfant ! que Dieu te protégea

Quand sous le souffle impur tu chancelais déjà.

Contre le Tentateur le jeûne est ta cuirasse

Et le nom de Jésus est l'épieu qui terrasse.

Or, pour dompter la chair prompte aux rébellions,

Tenons-nous prosternés, gémissons et prions.

Attendons qu'en nos corps humiliés de cendre

Les grâces et le sang du Christ veuillent descendre.

Ma fille, encore un jour et l'Arche du salut,

Ouverte heureusement par le Dieu qui t'élut,

Abritera ton âme et ta robe de vierge

Contre le siècle impur que le péché submerge.

Je vois, j'entends. Le Fils de l'homme est revenu;

Les tombes des enfants d'Adam l'ont reconnu

Et s'ouvrent. Voici l'heure et le fléau de l'Ange

De la paille et du grain discerne le mélange.

Les célestes clairons déchirent l'univers.

O ma fille! suis-moi : fuyons l'âge pervers.

Vois-tu le Juge assis dans la rouge nuée?

DAPHNÈ.

O mère, laisse-moi! mère, tu m'as tuée,

Et déjà sur mes yeux s'étend un voile épais.
J'embrasse le foyer pour y mourir en paix.

KALLISTA.

Je vais prier sur nous et ceindre le cilice.

SCÈNE XII.

DAPHNÈ, puis LA NOURRICE.

DAPHNÈ.

Kharitô, Kharitô! viens, ma vieille nourrice.
Écoute; tu connais Hippias de Théra...
Si tu n'écoutes pas, ta Daphnè périra,
Et tu ne veux pas, toi, très-bonne, que je meure.
Hippias est parti, chassé de la demeure.
Il a dû, puisqu'il m'aime, être lent à me fuir.
Le regret alourdit ses sandales de cuir.
Kharitô l'excellente, ô nourrice, ô berceuse!
Rends prompte en ma faveur ta jambe paresseuse.

Va vite; suis ses pas empreints au sable fin,
Va vers la source en fleurs, cours, cherche, trouve enfin,
Et dis-lui qu'il m'attende au retour des étoiles,
Sur la route où les pins tendent leurs sombres voiles,
Devant le grand tombeau dont la porte est de fer.
Tu tardes; hâte-toi, va, cours : le temps est cher.

LA NOURRICE.

O mon enfant! j'irai, bien qu'il ne soit ni sage
Ni glorieux pour moi de faire un tel message.
Mais je t'aime : et souvent, pour servir les amis,
Il convient d'accomplir ce qui n'est pas permis.

DAPHNÈ.

Cours et reviens. Je veux, souple au destin contraire,
Faire un lit nuptial de mon lit funéraire.

A Paul Bourget.

TROISIÈME PARTIE.

La nuit. Un chemin ombreux et large. Au bord de ce chemin, un tombeau à demi caché dans les pins. On voit l'intérieur du monument, la chambre funéraire. Des niches percées dans les murs ont reçu des urnes où sont des cendres. Autour de la salle un banc de marbre, au milieu un autel.

SCÈNE PREMIÈRE.

UNE SAGA.

Arrêtons-nous. Voici, par la lune baigné,

Dans les pins noirs, le mur du tombeau désigné.

Mais la porte de fer se tait, obscure et lourde.

Et rien encor, ni voix ni pas, ni lampe sourde.

La jeune fille est proche et viendra sans retard.

On m'appelle, on me cherche, à cause de mon art.

J'ai senti bien des pleurs mouiller mes doigts arides

Et bien des baisers frais s'attacher à mes rides.

Je suis chère aux amants : plus d'un se fatigua

A presser les genoux de la vieille saga.

Dans la ville et les bourgs il n'est pas de servante

Qui n'ait dit aux enfants combien je suis savante.

Oui, j'en sais plus qu'eux tous et je vis maigrement.

La faim m'a fait sentir son lent égorgement.

Le repos convient mal à la vieille indigente :

Allons sur les tombeaux que l'astre pâle argente

Arracher la racine aux secrètes vertus

Que nourrissent les corps de ceux qui ne sont plus.

SCÈNE II.

LA SAGA, L'ÉVÊQUE THÉOGNIS, suivi des diacres
et des fidèles qui chantent en chœur.

LE CHŒUR DES FIDÈLES.

Louange et gloire en toi, Seigneur,
A ceux dont le sang véridique
Cria ton nom et ton honneur,
Sous les clous, le glaive et la pique.

Ils ont fui le siècle pervers
Et nous gémissons dans l'attente.
Fais-nous monter vers toi, couverts,
Comme eux, d'une pourpre éclatante.

THÉOGNIS, à la saga.

Toi que je trouve au bout de la route suivie,

Femme, viens-tu prier sous les lampes de vie,

Avec nous, au tombeau d'un Confesseur martyr ?

LA SAGA.

Homme, je répondrai sans craindre et sans mentir :

Je ne suis qu'une femme et des plus misérables.

Je cherchais sous les pins et sous ces grands érables

Du bois mort pour chauffer la nuit mes vieux genoux.

THÉOGNIS.

Dans la faim et la soif, ô femme! viens à nous.

Le Christ Jésus a dit : Heureux celui qui souffre.

Le riche brûlera dans la poix et le soufre.

Prends cet or, souviens-toi qu'une main te l'offrit

Au nom du Père saint, du Fils et de l'Esprit.

LE CHŒUR DES FIDÈLES.

Seigneur, accorde à notre sang
La seule gloire qui l'attire.
Mets sur nos robes de lin blanc
La rose rouge du martyre.

L'évêque et le chœur s'éloignent.

SCÈNE III.

LA SAGA.

Qu'importent les présents? La haine nous sépare.
Je hais l'homme léger, je hais la terre avare,
Je hais tout ce qui vit : la plante et l'animal.
Je ne veux rien devoir qu'à la Mort et qu'au Mal.
J'ai de l'ongle arraché la racine et la plante.
Qu'elle hâte ses pieds la belle enfant trop lente,
Car un riche vieillard attend que mes travaux
A ses membres usés donnent des nerfs nouveaux;
Il m'appelle, et j'ai mis sous ma robe pour l'œuvre
Une barbe de loup et des dents de couleuvre.
La voici donc l'enfant! J'aurai deux pièces d'or.

SCÈNE IV.

LA SAGA, DAPHNÈ, LA NOURRICE.

DAPHNÈ.

Prends cette clef, nourrice.

LA NOURRICE.

     Il en est temps encor.
O ma petite fille, ô chère fleur, écoute :
Nous suivons toutes deux une mauvaise route.

DAPHNÈ, à la saga.

Femme, je viens chercher ce que tu m'as promis.

LA SAGA.

La vieille femme est prompte à servir ses amis.

DAPHNÈ.

Prends, donne et laisse-moi.

LA SAGA donne une fiole et reçoit une pièce d'or.

           La pièce pèse et brille.
Ta blonde chevelure est belle, ô jeune fille !
Si quelque adolescent fait mal ce que tu veux,
Apporte-moi, très-chère, un seul de ses cheveux :
Et tu verras cet homme, attiré par mes charmes,
Couvrir ton seuil de fleurs, de baisers et de larmes.

LA NOURRICE.

Daphnè, que te disait cette vieille sans dents ?
Ces femmes peuvent nuire aux enfants imprudents.

DAPHNÈ.

Nourrice, ouvre la porte. Oh ! que ta main est lente.
Hâte-toi d'allumer la lampe viligante.
Sois muette, obéis.

LA NOURRICE.

           Il n'est ni bon, ni beau,
Chère fille, d'entrer la nuit dans un tombeau.
S'il pense bien, l'esclave aurait tort de se taire.

DAPHNÉ.

Pose les coupes d'or, les mets et le cratère
Sur l'autel domestique où jadis nous faisions
Pour les Ombres aux Dieux d'amples libations.

LA NOURRICE.

J'agis comme une enfant à l'âge d'une aïeule.

DAPHNÈ.

Mets les pains et le sel. C'est bien ; laisse-moi seule.
Va. Je mélangerai moi-même le vin noir.

LA NOURRICE.

Daphnè, je t'obéis, car tel est mon devoir.
Mais quitte les tombeaux où le chien hurle et rôde,
Ma fille, et viens dormir dans la demeure chaude.

SCÈNE V.

DAPHNÈ.

Non, je ne trahirai ni le Dieu, ni l'ami.
Et pourtant je suis faible et mon sein a frémi.
J'ai cru voir se chercher encor par les ténèbres,
Dans le noir colombier, les colombes funèbres,
Les Ombres de ceux-là qui s'aimèrent entre eux,
Sous un ciel indulgent, dans des jours plus heureux.
Ils ont vécu, du moins, et leur cendre est contente.
Quel effroi surhumain m'accable dans l'attente?
Je sens planer sur moi tous les esprits de l'air.
O vivre, respirer et revoir le jour clair !
Vains souhaits! Hâtons-nous, c'est l'heure. Avant qu'il vienne,
Il me faut préparer et sa coupe... et la mienne.
Je boirai dans ce vase où l'on voit ciselés
Une vierge dormante et des enfants ailés
Qui voltigent sur elle et s'éloignent en troupe.

Elle ouvre la fiole de la saga.

Je verse ce qu'il faut verser dans cette coupe.

SCÈNE VI.

DAPHNÈ, HIPPIAS.

HIPPIAS, sur le chemin.

Vous, étoiles, salut. La corneille a chanté
Là-bas, dans l'arbre creux, du sinistre côté.
Dieux justes, détournez ce présage contraire.
Voici, sous les pins noirs, la porte funéraire.

DAPHNÈ, sans le voir.

Cher Hippias ! la nuit a submergé les cieux.
Tu ne sais pas combien le temps est précieux.
Tu tardes, Hippias. Viens, accours, je suis prête.
Jette-toi dans mon sein parfumé.

HIPPIAS, à la porte du tombeau.

                              Chère tête,
O Daphnè, mes amours, ô Daphnè, mes destins,

O sainte fugitive aux beaux pieds clandestins !

Que les Dieux comblent d'ans la nourrice au grand âge

Qui vers la source en fleurs me porta ton message.

Tu n'es point une enfant qui ne se plaît qu'aux jeux,

Ton âme habite un sein fidèle et courageux.

Suis-moi donc, ô Daphnè, confiante et tranquille :

Je serai ton époux, ta gloire et ton asile.

DAPHNÈ.

Viens. Sur ce banc de marbre asseyons-nous tous deux.

Quoi que médite encor l'avenir hasardeux,

Ami, (car la fortune est parfois décevante)

Nous ne nous quitterons plus jamais, moi vivante.

Une brève espérance est permise aux humains.

Approche ton épaule et prends mes belles mains.

Nous n'aurons tous les deux qu'un toit et qu'une couche

Et tu recueilleras mon âme sur ma bouche.

J'ai choisi cette main pour me fermer les yeux.

HIPPIAS.

Daphnè, l'heure dernière est le secret des Dieux.

Songe à l'heure présente et ceins-toi pour la route.
Hâtons-nous, on te cherche, on va venir... écoute.

SCÈNE VII.

DAPHNE, HIPPIAS, dans le tombeau, THÉOGNIS
et le CHŒUR DES FIDÈLES repassant sur la route.

LE CHŒUR DES FIDÈLES.

Ils ont fui le siècle pervers,
Et nous gémissons dans l'attente.
Fais-nous monter vers toi, couverts,
Comme eux, d'une pourpre éclatante.

THÉOGNIS, à un des diacres du chœur.

A l'heure où le sommeil a vaincu tous les fronts,
Une lampe, au tombeau des anciens vignerons,
Douteuse, veille encore et dans l'ombre rougie
Semble guider le vol, le rapt ou la magie.
Dionysos, mon fils, va voir d'un pied furtif
Quelle œuvre on accomplit sous le pin noir et l'if.

Va mon fils; car il faut que le gardien épie
Les actes ténébreux du fourbe et de l'impie.

> Il passe. Le diacre Dyonisos se glisse jusqu'au tombeau des vignerons
> et voit, sans être vu, Hippias et Daphnè. Il court rejoindre l'évêque
> qui a poursuivi sa route avec le chœur. On entend encore le chant
> des fidèles :

Seigneur, accorde à notre sang
La seule gloire qui l'attire.
Mets sur nos robes de lin blanc
La rose rouge du martyre.

DAPHNÈ.

C'est le chant des chrétiens, l'hymne retentissant
Qui monte vers les Saints baptisés par le sang.
Où donc flotte, ô Martyrs, votre candide armée?

HIPPIAS.

Viens. J'étends mon manteau sur ta poitrine aimée.

DAPHNÈ.

Cette retraite est sûre, Hippias; ne crains pas.
Je veux, comme il convient, t'offrir un beau repas,
Et nous boirons le vin dans la chambre sacrée.
Prends ta place, Hippias; la table est préparée.

Ami, c'est le festin des noces, et voici
Le calice, l'aiguière au long col aminci,
Les coupes, les parfums, le sel et les couronnes,
Et les lys mariés aux frêles anémones.
Car il nous faut, devant les Ombres des aïeux,
Célébrer notre hymen par un banquet pieux.
La pâle violette et la molle hyacinthe
Parfument doucement ma tête trois fois ceinte.
Répands autour de nous les flacons odorants ;
Attache sur ton front les belles fleurs, et prends
La coupe où j'ai mêlé le vin sombre à l'eau pure.

HIPPIAS.

Dans le tombeau désert et sous la nuit obscure
Des roses du festin j'ornerai mes cheveux,
O Daphnè. Je consens à tout ce que tu veux,
Et comme toi j'estime en mon cœur qu'il est juste.
De fêter saintement notre union auguste.
Je t'offre donc le vin, Hèrè, chère aux époux.
Kypris marine et toi, la Chasseresse, et vous,
Érôs, qui déployez la nuit vos ailes blanches,

Protégez avcc moi l'épouse aux belles hanches,
Si vous favorisez la pudeur et l'amour.

DAPHNÈ.

Je tendrai vers le ciel une coupe à mon tour.
Dieu qui sous l'olivier craignis l'amer calice,
Regarde. Je ne peux pas, sans que mon cœur faiblisse,
Hélas ! je ne peux pas goûter ce vin encor ;
Mes lèvres n'osent pas toucher la coupe d'or.

HIPPIAS.

Bois, et tu me tendras la coupe à moitié pleine,
Pour que je trouve au vin le goût de ton haleine.

DAPHNÈ.

Hippias ! je boirai le vin noir ; je le dois,
Je le veux. Vois, je tiens la coupe entre mes doigts.

HIPPIAS.

Bois à notre union, amie.

DAPHNÈ.

O destinée !

C'est donc fait, j'ai vidé la coupe d'hyménée.
Il ne faut plus, ami, qu'elle serve au repas.
Je la consacre au Dieu que tu ne connais pas.
Ma part n'est point d'aimer sur des tapis de roses,
Dans un sourire clair, parmi de douces choses;
Moi j'aime avec mes nerfs, mes moelles et mon sang,
Offerte tout entière et la mort dans le flanc.
La clarté de tes yeux m'inonde de délices.
Tes cheveux sont brillants et tes tempes sont lisses.
Hippias, sur ta joue un duvet incertain
Est répandu semblable aux vapeurs du matin.

HIPPIAS.

Sur tes lèvres en fleurs d'invisibles abeilles,
Daphnè, font un murmure agréable aux oreilles;
Et la volupté sainte a doucement gonflé
Ton beau sein virginal par l'étoffe voilé.

DAPHNÈ.

Mon Hippias, ta taille et ton noble visage
Font songer aux héros dont nous voyons l'image.

HIPPIAS.

O Daphnè, tes bras ronds, par l'amour assouplis,
S'élancent nus et fiers de la robe aux longs plis.

DAPHNÈ.

Hippias, le courage embellit ta poitrine.

HIPPIAS.

Daphnè, ton âme est pure et ta forme est divine.

DAPHNÈ.

Je m'attache à ton cou!

HIPPIAS.

Je te tiens sur mon cœur!

DAPHNÈ.

O tendresse!

HIPPIAS.

O désirs! ô flammes!

DAPHNÈ.

O langueur !...
Presse-moi dans tes bras pour que la mort jalouse
N'en puisse pas sans lutte arracher ton épouse.
Tout batelier qu'il est, le vieux Karôn, le soir,
Passe par les chemins sur un grand cheval noir.
Tes mains, quand j'errerai dans la demeure sombre,
Ne donneront ni fruits, ni lait pur à mon ombre,
Car je serai parmi la troupe des chrétiens,
Et mes mânes jamais n'accueilleront les tiens !

HIPPIAS.

Eh bien ! quitte ce Dieu qui n'aime pas les noces ;
L'amour a su dompter jusqu'aux bêtes féroces.

DAPHNÈ.

Christ Jésus doit un jour ressusciter les siens :
Voilà ce que du moins enseignent les anciens.
Homme, tu peux tenter d'éclaircir ce mystère.
Moi, femme, je dois croire, adorer et me taire.
Christ est le Dieu des morts : que son nom soit béni !
Hélas ! la vie est brève et l'amour infini.

HIPPIAS.

Ris et ne souille plus, enfant, tes lèvres pures
De ces noms ennemis des jeunes chevelures.
Garde-toi de tenter le sort; vivre est divin,
Aimons-nous et vivons, car tout le reste est vain.

DAPHNÈ.

Vis longtemps, Hippias, et goûte la lumière,
Te souvenant parfois que je t'ai la première
Fait sentir (tout nous est révélé par l'amour)
Combien la vie est belle à la clarté du jour.
Recueille, ô mon époux, mes paroles sacrées.
Quand le lit ténébreux, bien connu des orfraies,
Hélas! aura reçu ce corps qui te fut cher,
Quand je ne serai plus qu'un fantôme sans chair,
Garde le souvenir de la fille chrétienne
Qui, belle, abandonna sa main franche à la tienne,
Te chérissant d'un cœur qui n'était pas léger.
Parfois, dans la demeure on se met à songer.
(Une autre alors, une autre aura franchi ta porte

Et pris à ton foyer la place de la morte);

Quitte un moment l'épouse au rire clair, le soir,

Et sur le banc mousseux du jardin viens t'asseoir :

Tu verras s'élever mon ombre sur la terre;

Et, sans tendre à ton front une bouche adultère,

Je te caresserai dans le souffle des vents.

C'est ainsi que les morts se mêlent aux vivants.

Ils flottent dans la brise et parlent dans les feuilles.

Je reviendrai vers toi pour peu que tu le veuilles.

HIPPIAS.

Un don est sur ta bouche, ô vierge, et le parler

Qu'une Muse t'inspire est doux à s'envoler

Entre tes belles dents, ouvrage des Kharites.

Mais que sert de songer aux choses interdites ?

Et pourquoi dans l'hymen traîner le chant des pleurs ?

La jeunesse, la terre aux divines couleurs,

La volupté, l'amour, tout nous rit, et tu pleures !

Suivons légèrement le vol léger des Heures.

Que la pieuse joie éclaire ton esprit !

La terre est bonne, enfant, puisqu'elle te nourrit;

Tout est bon, tout est doux, puisque tu m'es donnée.

Laissons couler la vie et, d'année en année,

Goûtons les biens nouveaux qu'apporte le destin,

Sans méditer jamais l'avenir incertain.

DAPHNÈ.

Qu'il sera bon d'aller à midi vers la source !

HIPPIAS.

Compagne, il faut partir et tenter notre course.

Vois, les astres au ciel s'inclinent. Ceins tes reins ;

Gagnons ma nef solide où veillent les marins,

Pour que le vieux Glaukos regarde sous les rames

Fuir au vent matinal la meilleure des femmes.

Viens ; la divine nuit s'achève : hâtons-nous.

  Daphnè, pâle, se lève et chancelle.

Ma Daphnè, ton beau corps fléchit sur tes genoux.

O Dieux ! quelle influence a de ses mains secrètes

Sur tes tempes semé deux pâles violettes ?

Une mortelle odeur s'exhale de ces murs.

Sortons, et viens goûter l'air et les souffles purs.

SCÈNE VIII.

DAPHNÈ, HIPPIAS, THÉOGNIS, KALLISTA, HERMAS, ESCLAVES portant des flambeaux.

THÉOGNIS à Hippias et à Daphnè qui sortent de la chambre funéraire.

Arrêtez-vous, enfants, et sachez me connaître :
Je suis, au nom de Christ, pasteur d'âmes et prêtre
Selon l'ordre éternel de Melchisédech, roi.
Écoutez-moi tous deux sans trouble et sans effroi,
Car je ne te viens pas sacrer diaconesse,
Enfant; Christ ne veut plus la fleur de ta jeunesse.
L'homme la respira, l'homme la doit cueillir,
Le Dieu de pureté n'en a plus le désir.
Entends : je suis la main qui lie et qui délie.
Daphnè, fille d'Hermas, j'annonce et je publie
Que le vœu de ta mère est délié par moi.
Et tu peux dans la chair t'unir selon la loi.
N'étant plus agréable à l'Époux du mystère,
Suis sans peur, devant tous, cet enfant de la terre.
Car le Maître s'assit aux noces et donna

Le vin miraculeux aux époux de Cana.

Et toi, fils des Gentils, que l'esprit de mensonge

Inspire et fait errer comme un homme qui songe,

Écoute, afin que Dieu daigne bénir ton lit :

Quitte la vieille erreur et crois. L'Apôtre a dit :

L'homme sanctifiera l'épouse qu'il a prise,

Et c'est un sacrement dans la nouvelle Église.

Vous voulez être unis? qu'il en soit fait ainsi.

Homme, prends celle-là; femme, prends celui-ci.

Par le Père incréé, par le Fils, roi du monde,

Par le saint Paraclet en qui la gloire abonde,

Je vous joins. Soyez deux dans une même chair.

Femme, suis ton époux. Homme, reste-lui cher,

Et sache, ayant reçu cette enfant toute pure,

La rendre un jour à Dieu sans ride et sans souillure.

Échangez vos anneaux, car vous êtes unis.

Par l'imposition des mains, je vous bénis.

HIPPIAS.

O saint vieillard, un Dieu t'accompagne. Que dis-je?
Tu parais un Dieu même. O faveur! ô prodige!

HERMAS.

Il convenait d'unir ces enfants, en effet.
Certes, ce que tu fis, ô prêtre, fut bien fait.
Je tuerai le grand bœuf, honneur de mes étables,
Et je ferai couler le vin sur douze tables.
Au banquet nuptial, enfants, nous convierons
Tous les pasteurs du bourg et tous les vignerons.

DAPHNÈ.

Préparez un festin, le festin funéraire.
Prise au filet du Dieu, je n'ai pu m'y soustraire.
Hélas ! tu fus cruel de me tendre, ô vieillard,
La vie et le bonheur, quand il était trop tard.

HIPPIAS.

De quel mal, ô Daphnè, te sens-tu menacée ?
Ta main est dans la mienne et ta main est glacée !

DAPHNÈ.

Adieu, tous ! apprêtez la myrrhe et le linceul.
Croyais-tu donc, ami, que fidèle à toi seul,

J'aurais trahi ma mère et le Dieu pour te suivre?
Croyais-tu que t'aimant je pouvais encor vivre?
Je suis venue à toi, c'est que j'allais mourir.
Hippias, je n'avais que ma mort à t'offrir.
Tu connais le poison que les magiciennes
Savent tirer, la nuit, des fleurs thessaliennes?
Je l'ai bu dans ma coupe en livides humeurs.
Il a glacé mon corps, vaincu mes bras. Je meurs.

HIPPIAS.

O deuil! ô désespoir! Tombez, fleurs et couronnes!

DAPHNÈ.

Ce que j'ai fait est fait et ces choses sont bonnes.
Sachez par moi combien l'amour a de pouvoir.
Retenez ce qu'hélas! je vous donne de voir,
Et contez mon malheur pour que jamais les mères
N'obligent leurs enfants à des noces amères...
Et pourtant je vivrais si Dieu l'avait voulu.
La terre me faisait accueil; il m'aurait plu,
Près du foyer, soumise à l'époux, douce et fière,

De nourrir un enfant sous la belle lumière
Et de le voir éclore à des souffles d'amour...
Voici l'aube innocente, amis ; voici le jour.
Menez-moi, menez-moi sur la colline rose,
Vers les blonds tamaris que la fontaine arrose...
·La nuit, la nuit revient, m'enveloppe et m'emplit.
Approche, cher époux. Porte-moi sur le lit
Où je reposerai dans ma robe de fête.
Hippias, c'est à toi de me voiler la tête.
Adieu, père et vous tous. Vis, ô toi que j'aimais !

HERMAS.

Elle est morte ! ô ma fille, adieu donc pour jamais.
C'est toi qui l'as tuée, ô femme ! Un Dieu farouche
A secoué le mors écumeux dans ta bouche,
C'est pourquoi tu perdis sans pitié, sans raison,
Et ta fille et moi-même et toute la maison.
Les hommes sont cruels quand un Dieu les agite.
Adieu, je veux fuir seul, sans famille et sans gîte,
Ton front souillé, ma vigne et la terre d'Hellas !
O mon enfant, ma fleur ! hélas ! hélas ! hélas !

KALLISTA.

Je suis mère et mon cœur est percé d'une épée.
Éclaire -moi, mon Dieu, si je me suis trompée,
Punis-moi, mon Seigneur, si j'ai failli. Mais non,
J'ai fait ce que j'ai fait pour l'honneur de ton nom,
Pour ta gloire ici-bas, pour le salut des âmes,
Selon ta charité dont je ressens les flammes.
Comme un riche joyau je t'offrirai mes pleurs,
Et je crierai vers toi, du fond de mes douleurs,
Et ma bouche louera ta sagesse infinie.
Tu m'as pris mon enfant : que ta main soit bénie!

THÉOGNIS.

Ton vœu fut imprudent; ton zèle t'aveugla,
O femme! mais tu crois et le salut est là.
Tournons vers l'Orient la face de la morte.

HIPPIAS.

Laissez! elle est à moi. Je la prends, je l'emporte.
Je veux fuir avec elle un monde dévasté,
Car en elle ont péri l'amour et la beauté.

Puisqu'au Dieu de la mort la terre est asservie,
Je vais chercher ailleurs la lumière et la vie.
J'abattrai les grands pins et les chênes des bois,
Afin qu'un seul bûcher nous consume à la fois,
Et confiés tous deux à la flamme brillante
Dans un même réseau de fidèle amiante,
Nous nous envolerons, loin d'un monde odieux,
Sur l'étincelle auguste, au sein profond des Dieux.

8

SUR HIPPIAS DE THÉRA,

FILS DE LAKÔN

PASSANT, RÉJOUIS-TOI. CETTE SAINTE POUSSIÈRE
COUVRE UN HOMME PIEUX QUI MOURUT A VINGT ANS.
DEUX ÉRÔS SONT GRAVÉS SUR LA STÈLE GROSSIÈRE :
L'UN DONNE ET L'AUTRE ENLÈVE AUX MORTELS LA LUMIÈRE,
MAIS ILS SONT BEAUX TOUS DEUX ET TOUS DEUX SOURIANTS.

SUR DAPHNÈ, FILLE D'HERMAS

La chrétienne Daphnè que le siècle a blessée
Goute, en l'éternité pour elle commencée,
Le rafraîchissement de Jésus et du ciel,
Ainsi des fleurs d'absinthe elle a formé son miel.
Sa chair, qui doit un jour renaître toute pure,
Fut placée en ce lieu par ses frères chrétiens.
Si quelque impie attente a cette sépulture,
Qu'il meure le dernier des siens.

LEUCONOÉ

POËME

... Omnes consuluisse Deos.

TIBULLUS.

A Jules Breton.

LEUCONOÉ

La mer voluptueuse où chantaient les Sirènes,
Bleuissante à travers les fûts rouges des pins,
Traîne le long soupir de ses ondes sereines
Sous la demeure ombreuse aux murs clairement peints.

Dans les fleurs, sur un lit de pourpre aux pieds d'ivoire,
Abandonnant le faix de son beau corps vaincu,
Leuconoé médite et voit en sa mémoire
Quel lui fut le destin et comme elle a vécu.

Le triple bandeau blanc, cher à l'épouse austère,
N'enclôt pas ses cheveux blonds et de perles ceints,
Et le tissu de Cos d'une ombre de mystère
La baigne, et se soulève, agité par ses seins.

Le retour des Saisons, les Heures enlacées,
Tandis qu'elle riait, accoudée aux festins,
Ont mûri sous son front les profondes pensées
Et le doux souvenir des jours déjà lointains.

Elle songe et revoit l'enfant maigre et sauvage
Qu'autrefois elle fut, brune fleur du rocher,
Violette de Zanthe éclose au cher rivage,
Qu'un marchand Carien vint un jour arracher.

Elle revoit ses pleurs et l'injuste galère,
Et le riche bétail couché, les bras liés,
Puis le marché latin, le lit du Consulaire,
L'ivresse, les parfums, le rire et les colliers :

Les roses sur son seuil, les vœux des jeunes hommes,
Sur la couche de fleurs Téléphus aux beaux flancs,
Et l'héritage intact des vieillards économes
Coulant, fondu pour elle, en flots étincelants :

L'amour fatal des fils et les larmes des mères,
Les désirs, les fureurs, les deuils et les tourments
Que par elle ont filé les Sœurs trois fois amères,
Par elle, non souillée et chère à ses amants :

Chevaliers, Sénateurs et Tétrarques d'Asie
Conduits comme un troupeau sous son doigt obéi,
Car tu ceignis sa taille entre toutes choisie,
De ta ceinture d'or, Vénus de Pompéi !

Elle est fière en son cœur de tes dons, ô Déesse !
Et l'orgueil d'être belle éclate dans ses yeux.
Mais son front est voilé d'une vague tristesse,
Et la vie est pesante à son sein glorieux.

Le mal des jours nouveaux s'allume dans ses veines.
Le monde a désappris ce sourire ingénu
Que reflétaient si clair les antiques fontaines ;
Un âge de langueur et de fièvre est venu.

Les femmes ont senti passer dans leurs poitrines
Le mol embrasement d'un souffle oriental.
Une sainte épouvante a gonflé leurs narines
Sous des Dieux apparus loin de leur ciel natal.

Et celle-ci connaît la grande inquiétude ;
La chose humaine brille et l'enveloppe en vain.
A ses sens délicats la terre est triste et rude ;
Elle médite un monde immuable et divin.

Ses soupirs ont monté dans la sainte lumière.
O magique pouvoir, vertu d'un cœur pieux !
Tous les Dieux qu'elle aima viennent à sa prière
Parfumer son haleine et rafraîchir ses yeux.

Elle les voit si beaux ! son âme avide et tendre,
Que le siècle brutal fatigua sans retour,
Cherche entre ces Esprits indulgents à qui tendre
L'ardente et lourde fleur de son dernier amour.

Dans la troupe si douce aux âmes éphémères,
Elle choisit d'abord de ses regards en pleurs
Les Amantes des Dieux et les augustes Mères
Dont le cœur fut comblé d'ineffables douleurs :

La grande Phrygienne en hurlements féconde,
Et la Vénus en deuil près d'un enfant glacé,
Et cette bonne Isis qui cherche par le monde
Les membres précieux de l'époux dispersé.

Elles sont là, debout, ces femmes éternelles
Qui saignent à jamais des blessures du sort.
Quelle âme ne voudrait se confier en elles ?
Elles savent quel goût ont l'amour et la mort.

Mais voici, blanc troupeau dans la pâle prairie,

Leurs fils et leurs époux, les Dieux adolescents

Qu'aux jours mystérieux, sur la couche fleurie,

Les femmes vont pleurer dans la myrrhe et l'encens.

L'enfant Atys semblable aux vierges de Phrygie

Depuis que sa main blanche a mutilé sa chair,

Lui qui, menant la sainte et frénétique orgie,

Du bruit du tympanon remplit les monts et l'air,

Et qui, sous les pins noirs de son antique Amante,

D'un délire divin longuement transporté,

Par ses bonds, par les cris de sa bouche écumante,

Célèbre son impure et fière chasteté :

Et le jeune Barbare, astre clair du ciel Perse,

Le radieux Mithra, seigneur aux mille noms,

Qui, robuste et charmant, d'un poignard d'or transperce

Le céleste Taureau sous ses larges fanons :

Et l'Adonis fleuri tel qu'une belle plante,
Chasseur qui se plaisait à poursuivre les daims,
Et dont le sang rougit la cuisse étincelante,
Sous la morsure, hélas! d'un monstre aux pieds soudains.

Il repose, baigné de cinname et de larmes;
Sur son corps la blessure ouvre un calice bleu.
Et Leuconoé goûte éperdûment les charmes
D'adorer un enfant et de pleurer un Dieu.

Tout s'éteint! Elle est lasse et n'est point apaisée.
Elle n'a pas donné tout l'amour de son cœur,
Et ses regards encor, sous la chaude rosée,
Traînent une inquiète et profonde lueur.

Solitaire, du fond de sa grande détresse,
Tendant au ciel son âme et ses ardentes mains,
Elle cherche dans l'air du soir qui la caresse,
De plus tendres esprits et des Dieux plus humains.

Elle voudrait savoir dans quelle ombre divine,
Sous quel palmier mystique, en quels bras endormi,
Brille l'Enfant céleste et doux qu'elle devine,
Le maître souhaité, l'incomparable ami.

Ce Roi mystérieux qui console et qui pleure,
Ce second Adonis et plus triste et plus pur,
Ce nouveau-né qui doit mourir quand viendra l'heure,
Quel lait l'abreuve encor dans la maison d'azur ?

Cherche, ô Leuconoé : va d'auberge en auberge
Voir si le Mage errant passe et n'apporte rien.
En quête de ton Dieu, visite sur la berge
Le Chaldéen obscur et le vil Syrien.

Courbe ta belle tête aux pieds du Juif immonde.
Ces impurs étrangers, humbles agitateurs,
Que travaille en secret la haine du vieux monde,
Sont tes bons conseillers et tes consolateurs.

Va demander ton maître à leur race exécrée,
Oh ! ne te lasse pas : désire, espère et crois ;
Cours épier, la nuit, quelque lueur sacrée,
Aux bouches des égouts et sous l'ombre des croix.

Tes sœurs et toi, cherchez, saintes aventurières,
La plus noire caverne où se cache un devin.
Des fanges des faubourgs, des sables des carrières,
Au milieu des sanglots, monte un souffle divin.

Un immense frisson passe dans la nuit sombre.
Femmes, femmes, hâtez vos anxieux travaux,
Et dans l'amas confus des visions sans nombre,
Pressentez, suscitez le Roi des temps nouveaux.

Vous seules préparez le salut de la terre.
Des femmes comme vous, le dégoût dans le sein,
Achèveront un jour la tâche salutaire
Et sauront voir Celui que vous cherchez en vain.

Il donnera la grâce et la gloire aux souffrances
Et, regardant les cœurs las désespérément,
Il viendra mettre en eux de longues espérances,
Avec la paix du deuil et du renoncement.

Mais toi, Leuconoé, mais vous, soyez bénies,
Femmes aux longs désirs, pour avoir aspiré,
Du fond des jours d'orgueil, aux douceurs infinies
De la sainte tristesse et de l'amour sacré.

LA VEUVE

SONNET

« Le quatriesme jour de décembre audit an
(MCCCCVII), mourut de courroux et de deüil la du-
chesse d'Orléans, fille du duc de Milan, et de la
fille du roi Jehan. C'estoit grand pitié d'oüyr
avant sa mort ses regrets et complaintes. Et piteu-
sement regrettoit ses enfants, et un bastard
nommé Jehan, lequel elle voyoit volontiers, en
disant qu'il lui avoit esté emblé, et qu'il n'y
avoit à peine des enfans, qui fust si bien taillé de
venger la mort de son pere, qu'il estoit. »

HISTOIRE DE CHARLES VI, ROY DE FRANCE,
PAR JEHAN JUVÉNAL DES URSINS.

LA VEUVE

Celle à qui rien n'est plus, dont le cœur était sûr,
Songe en son deuil : depuis qu'à ses hanches altières
Le veuvage a noué les sombres cordelières,
Son front, tel que son sort, est immuable et dur.

Sous les fleurs de lys d'or et les guivres d'azur,
Elle goûte l'orgueil de ses douleurs dernières.
Près d'elle, les enfants, blonds, aux fraîches paupières,
Décrochent en jouant un heaume au long du mur.

Et les yeux de la dame, en la rouge vesprée,
Suivent d'une lueur froide et désespérée
Le bâtard de l'époux, cause des pleurs anciens.

Sans qu'un soupir encor gonfle son noir corsage,
Elle songe qu'il est plus brave que les siens,
Et qu'il lui fut volé, ce fils au fier visage.

LA PIA

POËME

Deh, quando tu sarai tornato al mondo,
E riposato della lunga via,

. . . .

Ricordati di me, che son la Pia.
Siena mi fe, disfecemi Maremma :
Salsi colui, che, inanellata pria,

Disposato m'avea colla sua gemma.

DANTE. IL PURGATORIO, c. IV.

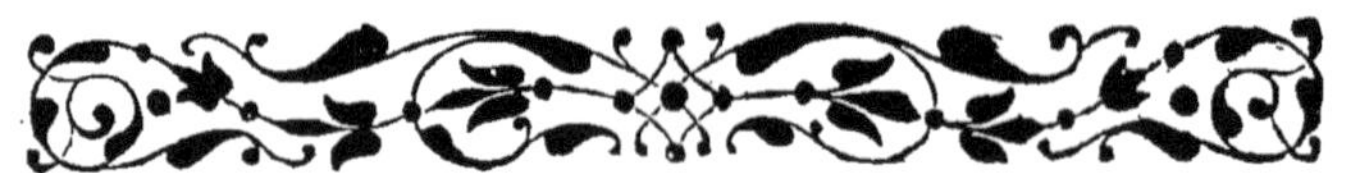

A Robert de Bonniéres.

LA PIA

Quand tu seras retourné dans le monde,

. . . .

Et reposé de ta route profonde,

Oh! pense à moi qu'on nommait la Pia.
Sienne me fit, me défit la Maremme :
Le sait celui qui, tout d'abord, lia,

En m'épousant, ma main avec sa gemme.

Tel est le doux propos que Dante Alighieri
Écouta sur le seuil du Mont expiatoire,
Quand, sans plaindre son sang violemment tari,
L'Ombre recommanda qu'on eût d'elle mémoire.
Pour moi, jamais récit doucement soupiré
Ne traversa mon cœur d'un frisson plus sacré,
Ni de plus de pitié ne gonfla ma poitrine.

O Toscane gentille, ô Pia ! je devine
A ta douceur combien vivre te fut amer,
Quelles larmes cuisaient comme l'eau de la mer,
Au long des nuits, tes yeux, tes grands yeux d'amoureuse,
Et, sous tes cheveux noirs, ta joue ardente et creuse,
Et comme de son feu le charbon des douleurs
Purifia ton front aux livides couleurs.

L'orgueilleuse cité de toute gentillesse,
Ta Sienne crénelée et peinte de blasons,
D'un murmure d'amour caressa ta jeunesse,
O vierge, et te nourrit de ses plus doux poisons.

Quand, ton missel aux mains, tu passais dans la rue,
Les durs condottieri souriaient à ta vue.
Et tu ne savais pas que l'homme est violent
Et que, prompt à l'amour, il est prompt à la haine.
Ta mère te pleura quand, sous ton voile blanc,
Un cavalier brutal, qu'enivrait ton haleine,
Épouse t'emporta dans son âpre manoir.
Et toi, tu suspendais tes bras à son cou noir,
Ta joue en rougissant pressait sa barbe rude ;
Car tu l'aimais alors, ce soudard au poil gris.
Mais le dégoût te vint au cœur et le mépris.
Dans le triste château, la lente solitude
Vint souffler le désir en tes légers esprits.
Ah ! pourquoi fallut-il qu'à tes premières larmes
Quelque brun Florentin, enfant du gai savoir,
Chanteur venu de loin dans la brume du soir,
Apportât à tes pieds sa viole et ses charmes ?
Le plus subtil esprit traversait son œil noir ;
Il savait quels romans une femme préfère.
Quand bien des dits d'amour par vous deux furent lus,
Un soir, sans y penser, il vous advint de faire

Ce que tu redoutais et désirais le plus.

Quand tu rouvris les yeux, commença ton supplice :
Le remords te vêtit de son âpre cilice.
Un feu sombre troubla ton regard longtemps clair ;
Péniblement tiré, ton souffle embrasait l'air,
Et tu tordais tes bras ardents, fille bien née,
Par toi-même à tromper, à mentir condamnée.
Mais tu savais mal feindre : et l'époux irrité
Devina ton bonheur à ta lividité.

Pour que fût expié ton pudique adultère,
Il fallait le martyre et la croix salutaire.
Quand ton juge mauvais, quand ton stupide époux,
Les yeux voilés de sang comme un taureau jaloux,
Vint rompre ton beau corps et finir ta misère,
Tu formas de tes bras une croix sur ton sein,
Tu plias aisément ta bouche à la prière,
Et, quitte par ta mort envers ton assassin,
Tu fis monter l'ardeur de ta dernière haleine
Vers Celui qui reçut l'âme de Madeleine.

Le poëte courtois garda ton souvenir,
Et si bien sut l'orner, triste patricienne,
Que plus d'un en pleura dans ta ville de Sienne;
Même il te rendit chère aux hommes à venir.
Et j'en sais qui, lisant comme il te fallut vivre,
Pour s'essuyer les yeux ont laissé choir le livre.

Les choses de l'amour ont de profonds secrets.
L'instinct primordial de l'antique nature
Qui mêlait les flancs nus dans le fond des forêts
Trouble l'épouse encor sous sa riche ceinture ;
Et, savante en pudeur, attentive à nos lois,
Elle garde le sang de l'Ève des grands bois.

LA PRISE DE VOILE

POËME

Ce soir, lorsque ayant bu jusqu'au fond le calice,
Lasse d'être à genoux, ployant sous ton cilice,
Et laissant jusqu'au sol tes mains jointes tomber,
Tu frémiras, craignant un jour de succomber
Sous le faix écrasant de tes saintes fatigues...

FRANÇOIS COPPÉE.

[illegible]

[illegible]

NUIT DE LUNE

A Auguste Lacaussade.

LA PRISE DE VOILE

Dans l'ombre de la nef, les pâles Augustines
A pas silencieux se forment en deux chœurs,
Et l'orgue fait rouler les prières latines
Sur leurs fronts inclinés en de saintes langueurs.

Celle qui vint heurter la dernière à la grille,
Quand le monde eut blessé son cœur d'un trait mortel,
L'enfant aux fiers désirs, la belle jeune fille,
Des fleurs dans les cheveux, s'avance vers l'autel,

Vers l'autel revêtu des fleurs du sacrifice.
Elle a tenu ses yeux baissés pour ne pas voir
Son père se dressant du fond de l'édifice,
Devant elle, tranquille et blanc de désespoir.

Puis, belle, relevant sa tête ardente et pure,
Sur le coussin de soie elle a mis ses genoux :
Les ciseaux du pasteur coupent la chevelure
Dont le parfum, la nuit, eût enivré l'époux.

Elle foule à présent ses boucles et ses roses
Sous ses pieds qui jamais ne courront dans les bois,
Et du voile de lin ses tempes sont encloses,
Ses tempes aux baisers promises autrefois.

Et l'Évêque, debout devant la vierge offerte,
Qui sut faire à son Dieu le plus cher des présents,
Montrant le ciel d'un doigt où luit la gemme verte,
Parle selon la paix de l'Église et des ans :

Mutans Evæ nomen.

Certe, il est plus léger que les tissus d'Asie,
Ma sœur, le voile blanc de l'Épouse choisie.
Il brille mieux au doigt que le saphir, l'anneau
Qui destine la Vierge aux noces de l'Agneau.
Plus que la soie et l'or le drap du scapulaire
Réjouit l'œil auquel la chrétienne veut plaire.
En cet âge d'orgueil où, comme au siècle ancien,
La femme danse autour du Bœuf égyptien,
Nous avons vu venir la Vierge du Cantique
Qui portait à son Roi l'Anémone mystique.
Elle a passé devant les sept Taureaux du seuil.
Du haut du trône d'or le Roi lui fait accueil.
Chérubins, apprêtez la harpe et la couronne !

Et vous, prudentes sœurs dont l'essaim m'environne,
Abeilles que reçut la ruche d'Augustin,
Qui du lys virginal, de mélisse et de thym,
Sous le sceptre léger de la reine ouvrière,

Formez abondamment le miel de la prière,
Guidez la jeune abeille au tranquille vallon
Où fleurit en secret la rose de Sâron.
Elle prendra le suc de la fleur bien-aimée,
Et toujours sa cellule en sera parfumée.

Vous, Marie-Augustine, ô ma fille et ma sœur !
Soyez chaste avec joie et forte avec douceur ;
Ne ralentissez point le zèle qui vous presse,
Gardez dans votre cœur une sainte allégresse.
Vous êtes devenue à la fois la Toison
Humide de rosée en l'aride saison,
Le Buisson du Prophète et la Verge fleurie ;
Vous changez le nom d'Ève au saint nom de Marie.
Et la Vierge vous suit d'un regard diligent,
Debout, les pieds sur l'astre aux deux cornes d'argent.
Et quand les fils d'Adam sortiront de la tombe,
Votre Époux vous dira : « Lève-toi, ma colombe!
Repose sur mon sein, dans mon éternité,
Tes ailes de candeur et de simplicité. »

*
**

Ainsi le doux vieillard assemble les images.
Exhalé de sa bouche, un parfum d'Orient,
Comme en un sanctuaire, en ton cœur souriant
Répand sa molle odeur avec ses beaux nuages.

Mais du monde, par toi si vîte déserté,
Une Voix qui ressemble aux bruits de la nature
S'élève et chante, et glisse à travers la clôture
Qui garde ton extase et ta virginité.

*
**

« Puisqu'un charbon sacré brûle en toi le sang d'Ève,
Dit-elle, enfant qui meurs d'un mal délicieux,
Dans le ciel entr'ouvert laisse nager tes yeux;
Ne te réveille point de l'ineffable rêve.

Comme un pollen autour d'un bois de pins, dans l'air,
J'ai vu la volupté subtile et vagabonde
De sa poussière d'or envelopper le monde,
Et d'effluves heureux pénétrer toute chair;

Vierge, j'ai vu tes sœurs nouer sur leurs épaules
Le réseau de dentelle, et courir et s'asseoir
Près de l'ami furtif, dans la brise du soir
Où passait par flocons la semence des saules;

Dans le trèfle des champs, sous les fleurs du pommier
J'ai vu l'humide éclair de leur bouche mi-close,]
Et sur leur front tiédi j'ai vu poindre la rose
Du désir fleurissant et de l'amour premier;

J'ai vu leur chevelure en torrent déroulée,
Et leurs bras déchaînés, quand, fières de s'offrir,
Goûtant l'âpre douceur d'aimer et de souffrir,
Leur chair frissonnait, d'ombre et de pudeur voilée.

J'ai connu leurs sanglots, leur ardente langueur
Et leur souffle orageux exhalé par rafales,
Lorsqu'aux pieds de l'amant, victimes triomphales,
Elles demandaient grâce et mouraient de bonheur.

J'ai deviné l'épouse et la couche bénie
Sous les chastes rideaux qu'un crucifix défend,
Et le sein qu'ont vu seuls les yeux bleus d'un enfant,
Et l'orgueil de la mère et sa joie infinie.

Eh bien! ce feu d'amour, ce frisson généreux,
Cette flamme attachée aux plus belles poitrines,
Sache-le donc, ma fille! a gonflé tes narines
Et d'un cercle d'azur couronné tes grands yeux.

C'est cette volupté, cette Vénus, c'est elle
Qui consume tes sens de toi-même ignorés,
Et dans l'enchantement des mystères sacrés
Revêt pour toi ton Dieu d'une beauté mortelle.

Épuise donc l'amour que ton cœur a rêvé,
L'amour de Catherine et l'amour de Thérèse ;
Qu'au long de soixante ans, tes deux lèvres de braise
Baisent les pieds du Christ sur l'humide pavé !

*
* *

« Si tu gardes ta foi, qu'importe qu'elle mente !
La beauté de l'amant n'est qu'au cœur de l'amante,
Et l'univers entier n'est qu'une vision.
Mais telle qu'un poëte ou telle qu'une sainte,
Embrassant ton cher Dieu d'une invincible étreinte,
Sauras-tu prolonger ta belle illusion ?

Et puisqu'on n'est heureux que de l'amour qu'on donne,
Sais-tu si les yeux bleus de ta blanche Madone
T'échaufferont sans fin d'un doux rayonnement ?
Sais-tu si ton Jésus imprima ses stigmates
A tes pieds, à tes mains, contre tes tempes mates
Et jusqu'en ta poitrine assez profondément ?

Pourras-tu, comme a fait cette ardente Marie,
Portant un paradis dans ton âme fleurie,
Vivre d'un rêve unique et mourir en rêvant ?
Sauras-tu voir, comme elle, au fond des basiliques,
Le tombeau déserté, les témoins angéliques
Et sentir près de toi l'ami, le Dieu vivant ?

Si tu perdais un jour ton mystique courage,
Si tes yeux épuisés se fermaient au mirage
De ta Jérusalem rose au faîte des monts,
Si ton ciel s'éteignait dans une heure d'épreuve,
Tu te réveillerais plus vide que la veuve,
Toi qui n'as point ta part de ce que nous aimons.

Il te faudrait alors, ô rivale des anges,
Superbe enfant montée au-dessus de nos fanges !
Du fond de ta misère envier celles-là
Dont l'âme, près de nous, ou lassée, ou ravie,
Poursuit naïvement le songe de la vie,
Sur ce vieux sol humain d'où ton cœur s'envola.

L'argile aimante est chère à ces âmes d'argile.
Si dans nos bras leur joie est légère et fragile,
Bien mieux que toi du moins, et plus fidèlement,
Elles sauront garder l'ombre des espérances
Et la séduction des chères apparences
Jusqu'à l'irréparable évanouissement. »

L'AUTEUR A UN AMI

L'AUTEUR A UN AMI

Lorsque, du ciel léger chassant les hirondelles,
L'automne en frissonnant ramène les longs soirs,
La grand'ville reçoit nos deux têtes fidèles
Que parfuma la fleur des sauvages terroirs.

Un logis nous attend dans quelque rue, aimée
Des prêtres, des vieillards, des chats et des savants.
Vers nos fenêtres monte une jaune ramée.
Nous entendons tinter les cloches des couvents.

Nos têtes, tout le jour sur la tâche inclinées,
S'appliquent en silence à des pensers nouveaux.
Car ta vie et la mienne, en nos jeunes années,
Sont deux lampes brûlant sur de calmes travaux.

Fatigués vers le soir de la plume et du livre,
Dans le proche jardin nous errons bien souvent;
Toujours surpris de vivre et de regarder vivre,
Nous jetons de vains mots emportés par le vent.

Un avare soleil de novembre s'incline
Et chasse les enfants, et les jeux et les cris.
Seul l'occident revêt une teinte opaline;
Le cygne du bassin vogue sous un ciel gris.

La bise fait rouler les feuilles du platane
Au sable de l'allée et fouette également
Les cheveux tout blanchis au col d'une soutane
Et le tulle qui presse un visage charmant.

Et nous montons, ami, sur les belles terrasses.
Là, des couples troublés viennent s'entretenir
Sous le marbre où revit, fleur des anciennes races,
Quelque dame de France au plaisant souvenir.

Les mortes, en leur temps jeunes et désirées,
D'un frisson triste et doux troublent nos sens rêveurs.
Et la fuite des jours, le retour des soirées
Nous font goûter la vie avec d'âpres saveurs.

La retraite aux tambours nous chasse vers la rue.
Et, quand la vague nuit réveille le désir,
Tu me parles, ami, d'une forme apparue,
Blanche et noire, et trop chère, impossible à saisir.

Novembre 18**.

NOTES

NOTES

NOTE I

Page 3.

LES NOCES CORINTHIENNES

u temps des premiers Césars, une sorte de délire agita les esprits. Dans l'unité confuse de ce monde triple, à la fois romain, hellénique et barbare, les grandes voies, ouvertes par les légionnaires, livraient passage à toutes les folies. Toutes les superstitions furent échangées. Rome accueillait dès longtemps les cultes morbides de l'Orient. Les prodiges de l'Inde, les enchantements de la Thessalie, les merveilles de l'Afrique, mère féconde des monstres,

les pratiques italiotes du néo-pythagorisme se mêlaient,
se confondaient. Il s'en dégageait une sorte de vapeur
bizarre qui, étendue sur le monde, voilait et déformait
toute la nature. Les esprits étaient encore soumis à une
culture savante. Mais des connaissances variées et une
intelligence subtile ne servaient qu'à imaginer des prodiges et à multiplier les superstitions. Les curieux faisaient
volontiers de longs voyages. Les routes étaient sûres. Un
citoyen romain trouvait dans chaque ville des institutions
protectrices et des magistrats favorables. Des hôtes, aux-
quels il était recommandé, lui fournissaient le toit et le
feu, selon la coutume antique dont il facilitait l'exercice
en pourvoyant lui-même à ses vivres. En chemin, il visitait les temples, les lieux sacrés et il se faisait initier aux
mystères. Rien n'était moins secret que ces mystères,
rien n'était plus goûté que ces initiations. Et de toutes
parts, aux oreilles, aux yeux troublés, se manifestaient
des prodiges, des oracles, des œuvres de magie. Les
sophistes, les rhéteurs, avidement écoutés, entretenaient
le délire des esprits. Tous leurs discours, comme il a été
dit de ceux de Diôn, répandaient un parfum semblable à
celui qui s'exhale des temples.

Phlégôn le Trallien fut un enfant du siècle. Né dans
cette Lydie de race si mêlée, de mœurs si diverses, esclave
formé aux lettres, affranchi d'Empereur, il n'avait en

somme de patrie que l'Empire. Il fit par aventure une description de la Sicile. Il devint historiographe de l'empereur Hadrien, et certes il était bien l'annaliste d'un César curieux [1]. Il composa, pour un monde affolé de merveilles et pour un prince astrologue, un livre *des choses merveilleuses*. Ces choses furent crues d'autant mieux qu'elles étaient complétement absurdes. Il nous en reste quelques débris et notamment une lettre d'un procurateur à quelque fonctionnaire de l'*aula* impériale. Il n'est pas difficile de s'apercevoir que cette lettre est apocryphe. Les premiers siècles de l'ère chrétienne abondent en écrits supposés. Les faussaires faisaient parler Enoch ou Hermès. Nulle critique, nulle défiance. On voulait croire, on croyait.

Voici cette lettre qui n'a pas, que je sache, été traduite encore en français. Le commencement du récit manque. On peut, avec Xylander, le restituer de la sorte, en substance :

Philinnion, fille de Démostratos et de Kharitô s'unit secrètement, bien que morte, à l'hôte de sa famille, Makhatès. La nourrice les surprend.

« ... Elle franchit la porte, entre dans le lieu réservé aux hôtes, et, à la lueur de sa lampe, elle voit la jeune fille assise auprès de Makhatès. Ne pouvant se contenir

1. *Hadrianus, curiositatum omnium explorator.* (TERTULL.)

devant cette prodigieuse apparition, elle court vers la
mère, elle appelle à grands cris, elle presse Kharitô et
Démostratos de se lever et de la suivre, afin de voir leur
fille. Elle l'a vue vivante et, par la volonté d'un Dieu,
assise avec l'hôte dans la chambre hospitalière. Kharitô,
lorsqu'elle entendit ce discours incroyable, fut d'abord
atterrée par la grandeur de la nouvelle et par le trouble
de la nourrice, et elle se sentit défaillir. Puis, se rappelant
sa fille, elle pleura. Toutefois elle dit que la nourrice déli-
rait, et elle lui ordonna de sortir aussitôt. Mais la nourrice
lui reprocha de manquer, par négligence, l'occasion de voir
sa fille. Car, disait la vieille servante, je ne suis pas folle
et je n'ai point perdu l'esprit. Enfin Kharitô, malgré elle,
à moitié pour céder aux instances de la nourrice, à moitié
par la curiosité de voir ce qu'il y avait de vrai en tout cela,
se rend à la porte de la demeure réservée aux hôtes.
Mais un assez long temps s'était écoulé depuis l'avis donné
par la nourrice, et ceux qui avaient été vus dormaient
dans l'ombre. La mère, en regardant avec attention, crut
reconnaître des vêtements et le profil d'un visage. Comme
elle n'avait alors aucun moyen de s'assurer si ce qu'elle
voyait était véritable, elle regagna son lit : elle comptait
se lever matin et surprendre sa fille, ou, si elle venait
trop tard, apprendre tout de Makhatès qui ne pourrait
mentir, interrogé sur une telle chose. Donc elle se retira

sans rien dire. A la première lueur du jour, la jeune fille,
soit sur le signe d'un Dieu, soit par quelque hasard, se
retira et déçut sa mère. Celle-ci vint et elle eut le cha-
grin de ne la point trouver. Alors elle dit tout ce qu'elle
savait au jeune homme, son hôte, elle embrassa les
genoux de Makhatès; elle adjura cet homme de ne
rien taire et de ne point trahir la vérité. Lui, anxieux
dans son cœur, troublé, pouvant parler à peine : « C'est
elle, c'est Philinnion! » dit-il. Et il conta l'origine de
cette union et les désirs de la jeune fille qui lui avait dit :
« Je me cache de mes parents pour venir à toi. » Et, pour
qu'on ne doutât point de ses paroles, il ouvrit un coffre
et il en tira ce que la jeune fille avait laissé : l'anneau
d'or qu'il avait reçu d'elle et la bande d'étoffe qu'elle
avait oublié de nouer au dessous de ses seins, la nuit
précédente. Kharitô, en voyant des signes si manifestes,
poussa un grand cri, déchira ses vêtements, arracha de
sa tête les bandelettes, se jeta à terre et mena une seconde
fois le grand deuil. Voyant tous ceux de la maison dans
une grande douleur et pleurant comme s'ils eussent dû
ensevelir Kharitô, l'hôte troublé se mit à consoler cette
mère, la supplia de cesser ses lamentations et promit de
lui montrer sa fille si celle-ci revenait. Kharitô, touchée
de ces paroles, le pressa de veiller à tenir promptement
sa promesse, et elle rentra dans sa demeure. Quand tomba

la nuit et quand approcha l'heure où Philinnion avait coutume de venir auprès de l'homme qu'elle aimait, tous attendirent sa venue. Elle vint. Lorsqu'elle fut entrée dans la chambre au temps accoutumé et qu'elle se fut assise sur le lit, Makhatès ne montra point de surprise. Il ne croyait nullement s'être uni à une morte. L'enfant venait soigneusement à lui, à l'heure fixée; elle mangeait et buvait avec lui. Il n'ajoutait pas foi à ce qu'on lui contait. Il supposait que quelques-uns de ceux qui ensevelissent les morts avaient arraché du sépulcre de Philinnion ses vêtements et ses ornements d'or et qu'ils les avaient vendus au père de la jeune fille inconnue qui le visitait. Il fit appeler par un esclave Démostratos et Kharitô. Ils vinrent : ils virent Philinnion. Ils restèrent d'abord muets, accablés, foudroyés par un si prodigieux spectacle. Puis ils poussèrent un grand cri et embrassèrent leur fille. Alors Philinnion leur dit : « O ma mère et mon père, qu'injustement vous m'avez envié les trois jours que je devais passer avec l'hôte, dans la maison paternelle, sans nul maléfice! Vous gémirez de nouveau à cause de votre curiosité. Moi, je retourne dans la demeure qui m'est assignée. Et ce n'est point sans une volonté divine que je suis venue ici. » Elle dit et tomba morte. Son corps visible fut couché sur le lit. La mère et le père l'embrassèrent. Ce fut dans toute la demeure un grand

tumulte et des lamentations à ce spectacle irréparable-
ment terrible, à cette incroyable aventure.

« Aussitôt le bruit s'en répandit par la ville,et vint à
moi. Cette nuit même, j'ai retenu la foule d'hommes qui
affluait vers la maison. Car je craignais que quelque chose
d'extraordinaire ne fût tenté, quand une telle nouvelle
serait publiée. Le lendemain, le théâtre fut rempli de
curieux. Quand toutes les circonstances furent rapportées
à chacun isolément, nous convînmes d'aller avant tout au
tombeau pour nous assurer si le cadavre était dans le
cercueil, ou si le cercueil était vide. Quand nous eûmes
ouvert la chambre où tous les morts de cette famille repo-
saient, nous vîmes les autres cadavres étendus sur leur
lit et les ossements de ceux qui étaient morts depuis longtemps. Sur le lit où Philinnion avait été déposée et ensevelie nous trouvâmes l'anneau de fer de l'hôte et la coupe
d'or qu'au premier jour elle avait reçue de Makhatès.
Surpris, stupides de surprise, nous allâmes aussitôt chez
Démostratos, dans la salle réservée aux hôtes, pour voir si
là était vraiment le corps de la jeune fille. L'ayant vu,
couché à terre, nous nous rendîmes à l'assemblée, car ce
qui venait de s'accomplir était grand et incroyable.
Comme l'assemblée était tumultueuse, et comme il était
à peu près impossible d'expédier aucune affaire, Hyttos
qui passe chez nous non-seulement pour un devin excel-

lent mais aussi pour un illustre augure, et qui a approfondi tout ce qui est de l'art divinatoire, se leva et ordonna que le cadavre de la jeune femme fût enseveli hors de l'enceinte (bien loin qu'on le portât une seconde fois en terre, au milieu de nous). Il ordonna d'apaiser Hermès souterrain et les Érinnys. Il prescrivit à chacun de purifier, de laver d'eau lustrale les choses sacrées et de faire des sacrifices aux dieux Mânes. Il me prescrivit spécialement de sacrifier à l'Empereur, à la République, à Hermès, à Zeus Hospitalier et à Arès, et de procéder soigneusement. Il dit, et nous fîmes ce qu'il avait ordonné. Makhatès, l'hôte que le spectre avait visité, de douleur, se donna la mort. Au surplus, si tu décides qu'il faille écrire à l'Empereur, touchant cette affaire, fais-le-moi savoir par une lettre. Je pourrai même envoyer quelques témoins qui ont tout vu. Sois bien. »

L'auteur de cette relation veut être cru à la lettre : il n'omet aucune des circonstances qui peuvent donner à son récit les caractères de l'authenticité. Pour prévenir les défiances, il montre qu'il les a eues toutes. Et, malgré la minutieuse exactitude du narrateur, son récit nous touche par quelque chose de vague et de profond. Il y a dans ce qu'il conte une beauté qui lui échappe. Il veut préciser un fait ; il laisse entrevoir un symbole. Cette morte amoureuse a je ne sais quoi d'une chrétienne. Le

Nazaréen semble l'avoir effleurée. Goëthe, dont le génie portait la lumière sur tout ce qu'il explorait, illumina les ténèbres du Trallien. Il fit voir en ces deux amants, séparés par leurs parents et rejoints par une force mystérieuse, deux victimes de la lutte des Dieux qui agita le monde depuis Néron jusqu'à Constantin. Il fit la *Fiancée de Corinthe*.

Bien que ce poëme ait creusé son sillon dans toutes les mémoires, on se plaira à le retrouver ici. J'en donne une traduction que M. Camille Benoit a bien voulu faire pour moi.

LA FIANCÉE DE CORINTHE

D'Athènes à Corinthe allait un jeune homme, encore inconnu dans cette ville. Il comptait sur la bienveillance d'un des habitants. Les deux pères, unis par l'hospitalité, avaient fiancé leur fille et leur fils dès l'enfance.

Mais sera-t-il le bienvenu, s'il n'achète pas chèrement les bonnes grâces de ses hôtes? Il est encore païen, lui et les siens; eux sont déjà chrétiens et baptisés. Une foi nouvelle vient-elle à germer, souvent l'amour et la fidélité sont arrachés comme de l'ivraie.

Et déjà reposait dans le silence la maison tout entière, père et filles; seule veillait la mère. Elle accueille son hôte de très-bonne grâce et le conduit aussitôt à la chambre de parade. Le vin et les mets brillent avant qu'il en ait témoigné le désir; ayant ainsi pris soin de son hôte, la mère lui souhaite une bonne nuit.

Pourtant les mets étalés n'excitent pas sa faim; la fatigue lui fait oublier le boire et le manger, de sorte qu'il s'étend tout vêtu sur le lit; et il va s'assoupir, quand un convive étrange ouvre la porte et entre.

Alors il voit, à la lueur de sa lampe, une jeune fille, sous un voile et dans des vêtements blancs, s'avancer, modeste et silencieuse, dans la chambre, portant autour du front un bandeau noir et or. Quand elle aperçoit le jeune homme, elle lève, tremblante dans sa surprise, une blanche main.

« Suis-je, s'écria-t-elle, si étrangère dans la maison, que je n'aie pas entendu parler de l'hôte? Hélas! c'est ainsi qu'on me retient dans ma cellule! et maintenant je me trouve face à face avec la honte. Continue à reposer là sur cette couche, et je pars, rapide, telle que je suis venue. »

« Reste, belle vierge! » Ainsi appelle l'adolescent, et il s'arrache précipitamment à sa couche. « Voici les dons de Cérès et de Bacchus, et tu apportes l'Amour, chère enfant! Tu es pâle d'effroi! Très-chère, viens, et voyons, éprouvons combien les Dieux nous sont propices. »

« Ne t'approche pas, ô jeune homme! ne bouge pas. Je n'appartiens point à la joie. Déjà le dernier pas, hélas! est fait par la maladive illusion de ma bonne mère, qui dans sa convalescence a fait ce serment : Que la jeunesse et la nature soient désormais vouées au Ciel.

« Et la foule variée des anciens Dieux a déserté aussitôt la maison silencieuse. Invisible, un seul est maintenant adoré dans le ciel, un Sauveur sur la croix. Des victimes tombent ici : ce ne sont ni agneaux ni taureaux, mais des créatures humaines, sacrifice ineffable ! »

Et le jeune homme l'interroge ; il pèse tous les mots, aucun n'échappe à son esprit. « Est-il possible qu'en ce lieu tranquille la fiancée tant aimée soit debout devant moi ? Maintenant sois mienne ! Le serment de nos pères a imploré pour nous la bienveillance céleste. »

— « Tu ne m'obtiendras pas, chère âme ! C'est ma seconde sœur qu'on te destine. Quand je me désolerai dans ma cellule silencieuse, hélas ! entre ses bras pense à moi, qui ne pense qu'à toi, qui me meurs d'amour, et qui bientôt me cacherai dans la terre. »

— « Non ! j'en jure par cette flamme propice qui nous présage Hymen, tu n'es pas perdue pour le bonheur et pour moi ! tu me suivras dans la demeure paternelle. Bien-aimée, reste ici ! Célèbre maintenant avec moi le festin des noces inattendues. »

Et déjà ils échangent les gages de la fidélité ; elle lui présente une chaîne d'or, et il veut lui donner une coupe d'argent, travaillée avec art, comme il n'y en avait pas d'autre. « Cela n'est pas pour moi ; mais, je t'en prie, donne une boucle de ta chevelure. »

Aussitôt retentit, sourde, l'heure des esprits ; et c'est alors seulement qu'elle parut à l'aise ; avidement elle huma d'une bouche pâle le sombre vin couleur de sang ; mais du pain de froment, qu'il lui offrit avec amitié, elle ne prit pas le plus petit morceau.

Et elle tendit la coupe au jeune homme; comme elle, il but, hâtif, gros de désir. C'est l'amour qu'il réclame au paisible repas; ah! son triste cœur était malade d'amour. Mais elle résiste, pendant qu'il persiste à la supplier, jusqu'à ce qu'il se laisse tomber pleurant sur le lit.

Et elle vient et se jette à son côté : « Hélas! avec quelle peine je te vois dans l'angoisse. Mais, hélas! si tu effleures mes membres, tu sentiras avec des frissons ce que je t'ai caché. Aussi blanche que la neige, mais froide comme la glace, est la bien-aimée que tu t'es choisie. »

Violemment il la saisit de ses bras vigoureux, pénétrés de la force virile d'un jeune amour : « Espère donc de te réchauffer encore près de moi, quand tu me serais envoyée de la tombe! » Échange d'haleines et de baisers! Surabondance d'amour! « Ne brûles-tu pas, et ne me sens-tu pas brûler? »

L'amour les lie plus étroitement l'un à l'autre, des larmes se mêlent à leurs voluptés. Avide, elle aspire les flammes de sa bouche, chacun n'a plus conscience de soi qu'en l'autre. L'amoureuse fureur du jeune homme échauffe le sang figé de la vierge, mais il ne bat pas un cœur dans sa poitrine.

Cependant se glisse dans la galerie la mère encore occupée, à cette heure tardive, des soins de la maison. Elle écoute à la porte et longtemps écoute, quel est ce bruit étrange. Soupirs plaintifs et cris d'ivresse des fiancés, bégaiements de l'amoureux délire.

Surprise, elle s'arrête à la porte, parce qu'elle doit d'abord se convaincre, et elle entend avec colère les suprêmes serments et les caressantes paroles d'amour... « Chut! le coq s'éveille!... Mais la nuit prochaine, seras-tu encore ici?... » Et baisers sur baisers.

La mère ne contient pas sa colère plus longtemps, elle ouvre, rapide, la serrure connue... « Y a-t-il dans cette maison des filles assez éhontées pour se mettre tout d'abord à la volonté d'un étranger?... » C'est ainsi qu'elle entre. A la lueur de la lampe, elle voit... Dieu ! elle voit sa propre enfant.

Et le jeune homme, dans son premier effroi, veut couvrir sa bien-aimée avec le voile virginal, et soi-même, avec le tapis de la couche. Mais elle se détourne aussitôt, et comme par la puissance de l'esprit, sa stature s'élève longtemps et lentement du lit à la voûte.

« Mère! mère! » dit-elle d'une voix profonde, « c'est ainsi que vous m'enviez ma belle nuit! Vous me chassez de cette chaude place ; ne m'éveillez-vous que pour le désespoir? Ne vous suffit-il pas de m'avoir ensevelie toute jeune dans le linceul et dans la tombe?

« Mais je suis poussée par un arrêt singulier hors de mon étroite demeure pesamment couverte. Les chants que murmurent vos prêtres et leur bénédiction n'ont aucun pouvoir. Le sel et l'eau ne refroidissent pas un cœur que fait palpiter la jeunesse ; hélas! la terre ne refroidit pas l'amour.

« Ce jeune homme me fut d'abord promis, alors que le temple serein de Vénus était encore debout. Mère, vous avez pourtant manqué à votre parole, parce qu'un vœu mauvais et contre nature vous enchaînait! Mais nul Dieu n'exauce la mère qui jure de refuser la main de sa fille.

« Hors du tombeau je suis poussée, pour revenir chercher ce bien que je n'ai pas eu, pour revenir aimer cet homme déjà voué à la mort, et pour sucer le sang de son cœur. Si maintenant c'en est fait de celui-là, il faut que j'aille à d'autres, et que ma rage immole le peuple des jeunes hommes.

« Bel adolescent! tu ne peux vivre plus longtemps; tu vas languir à cette place. Je t'ai donné ma chaîne, j'emporte avec moi la boucle de tes cheveux. Regarde-la bien : demain ta chevelure sera blanche et elle ne redeviendra brune que là-bas.

« Écoute, mère, ma dernière prière : fais dresser un bûcher, ouvre mon étroite demeure d'angoisse, et conduis par les flammes les amants au repos. Quand l'étincelle jaillira, quand le bois s'embrasera, nous nous envolerons au sein des Dieux antiques. »

Tel est ce poëme si touchant, si mystérieux et si profond.

J'ai repris à mon tour et développé cette vieille histoire, car je n'ai rien trouvé qui peignît mieux le déclin des Dieux antiques et l'aube chrétienne dans un coin de la Grèce.

NOTE II

Page 119.

LEUCONOÉ

L ne faut pas qu'un poëme ait besoin de glose, et je ne crois pas qu'un commentaire soit utile pour l'intelligence de ma *Leuconoé*. Mais ceux qui s'intéressent en même temps aux conceptions poétiques et aux études d'histoire voudront peut-être bien lire ces quelques lignes sur les femmes d'Horace. Je les tire d'un article qui a paru dans *le Temps* du 5 janvier 1875 [1] :

1. Je renvoie aussi mes lecteurs à une excellente étude de M. Jules Soury sur la *Délia de Tibulle*, qui, publiée d'abord dans la *Revue des Deux Mondes*, a précédé mon essai sur les femmes d'Horace. Michelet a jeté sur le même sujet quelques paroles fécondes dans sa *Bible de l'Humanité (le Monde femme)*.

« Ces femmes qu'aimait Horace étaient, sous leurs
noms italiens ou grecs, pour la plupart des filles d'Orient,
des Juives, des Syriennes. C'est par elles que l'Orient,
avec ses folies, commença à envahir Rome et à troubler le
génie latin. Ces étrangères apportaient leur religion.
Toute femme, à travers les plus folles aventures, garde
un Dieu chéri dans un pli de sa robe. Ces âmes orien-
tales remplirent Rome de divinités étranges, de rites bar-
bares, de cultes énervants. C'était tout un monde secret
et nouveau. Elles nourrissaient des troupes d'astrologues,
de devins, de charlatans. Elles firent la fortune des Chaldéens immondes et de tout ce qui, dans la ville, tirait
des horoscopes et vendait des miracles.

« Ces créatures troublées, inquiètes, lasses de tout,
parce que tout leur était facile, se sentaient prises d'un
incurable ennui, d'un grand mal de cœur. Leur souffrance était la pire de toutes, le désir dans la fatigue.
C'est le mal qui fait les grandes pénitentes. Rien n'était
assez divin pour elles, rien assez hors de la nature; rien
ne donnait assez d'ombre et de mystère à leur piété sen-
suelle.

« Horace, malade des nerfs et ayant déjà employé aux
trois quarts la somme de vie qui était en lui, vint chercher à Baïa un hiver tiède et clément. Il y rencontra une
courtisane dont il devint l'ami avec la discrétion que don-

nent, dans la maturité de l'âge, la connaissance des voluptés jointe à l'habitude de la pensée. Le poëte la nomme du nom tout hellénique de Leuconoé. Il se peut qu'elle portât ce nom, soit qu'elle l'eût pris par goût et pour plaire, soit qu'elle l'eût reçu de ses parents et qu'elle fût Hellène. Leuconoé que travaillait, comme ses pareilles, une curiosité maladive, interrogeait les astrologues ; tout l'avait trompée ; elle se prenait à la science décevante des Chaldéens. Horace le lui reprocha avec son sens latin si net et si clair :

> *Tu ne quæsieris, scire nefas, quem mihi, quem tibi*
> *Finem Dî dederint, Leuconoe, nec Babylonios*
> *Tentaris numeros. Ut melius, quidquid erit, pati!*
> *Seu plures hiemes, seu tribuit Juppiter ultimam,*
> *Quæ nunc oppositis debilitat pumicibus mare*
> *Tyrrhenum, sapias, vina liques ; et spatio brevi*
> *Spem longam reseces. Dum loquimur, fugerit invida*
> *Ætas. Carpe diem, quam minimum credula postero.*

« Voilà toute la sagesse d'Horace. Elle doit sembler belle et presque triste à ceux qui sentent tout ce qu'il y a de passions dans les idées et qui croient que la réflexion d'un sage est le plus touchant des drames humains. Mais une telle philosophie est celle d'un monde qui finit et qui s'arrange et s'apprête pour le dernier sommeil. La pauvre fille de Baïa n'est ni si parfaite, ni si tranquille : elle ne veut pas d'une mort irrévocable. L'intérêt des choses futures l'occupe et la tourmente. Qu'importent à l'étrangère Jupiter Capitolinus, gardien de la ville éternelle, et les Dieux immuables comme les lois ? Ses divinités à elle sont cachées dans l'ombre impure des faubourgs. C'est là, qu'avec Délia, lavée d'eau lustrale et vêtue de lin, elle va s'asseoir devant les portes de la Déesse égyptienne, et s'enivrer du bruit des sistres d'airain. Mais ce ne sera pas assez pour elle de ces Dieux rigides de l'Afrique, d'Isis, bonne comme la nature, indifférente comme elle, du noir Sérapis, d'Osiris qui meurt pourtant, et qu'on peut pleurer ; ce ne sera pas assez du beau Mithra, de toutes les douces figures du ciel perse et des adorables mutilés venus des sanctuaires phrygiens.

« Il faut à ces femmes une foi plus attendrie et des Dieux plus humains. Leur inquiétude et leur douleur s'accroîtra jusqu'aux jours d'Actè et des pudiques prostituées, jusqu'à l'heure de rémission, alors qu'il leur sera donné de goûter la douceur des larmes, la joie des expiations, les délices du martyre. Horace, en formant sa science des voluptés, a méconnu la plus nécessaire à l'homme, la volupté des larmes. Horace voulait croire que le pontife gravirait éternellement le Capitole, accompagné de la vierge silencieuse. Il ne savait pas que bientôt les jeunes sœurs de sa Tyndaris et de sa Leuconoé, les premières, frapperaient mortellement ces Dieux latins vers qui le Chant séculaire ne monterait pas deux fois; il ne savait pas que des femmes malades abattraient le grand édifice romain, changeraient le monde et seraient les premières chrétiennes.

TABLE

IMPRIMÉ PAR J. CLAYE

POUR

ALPHONSE LEMERRE, LIBRAIRE

A PARIS

75   10   12